• 养老问题研究文库 •

农村老年人社区居家养老服务需求研究

基于武陵山区恩施市的调查

姚 虹◎著

中国经济出版社
CHINA ECONOMIC PUBLISHING HOUSE
·北 京·

图书在版编目（CIP）数据

农村老年人社区居家养老服务需求研究：基于武陵山区恩施市的调查 / 姚虹著. --北京：中国经济出版社，2021.12

ISBN 978-7-5136-6766-1

Ⅰ. ①农… Ⅱ. ①姚… Ⅲ. ①农村-养老-社区服务-调查研究-恩施 Ⅳ. ①D669.6

中国版本图书馆 CIP 数据核字（2021）第 256114 号

组稿编辑 崔姜薇
责任编辑 夏军城
责任印制 马小宾
封面设计 任燕飞

出版发行 中国经济出版社
印 刷 者 北京艾普海德印刷有限公司
经 销 者 各地新华书店
开　　本 710mm×1000mm 1/16
印　　张 13.25
字　　数 210 千字
版　　次 2021 年 12 月第 1 版
印　　次 2021 年 12 月第 1 次
定　　价 88.00 元
广告经营许可证 京西工商广字第 8179 号

中国经济出版社 **网址** www.economyph.com **社址** 北京市东城区安定门外大街 58 号 **邮编** 100011
本版图书如存在印装质量问题，请与本社销售中心联系调换（联系电话：010-57512564）

前言

我国自1999年迈入老龄化社会以来，老年人口不断增加，老龄化程度日趋严重。尤其值得注意的是，我国老年人口比例城乡倒置的情况非常严重，且将持续到2045年左右，届时我国人口老龄化的重心将由农村转入城市。农村青壮年人口的迁移流动在我国农村人口老龄化进程中扮演了重要角色，不仅加剧了农村人口的老龄化程度，还削弱了传统的家庭养老功能。随着农村老年人的养老风险不断加大，亟须社会化养老服务来弥补家庭养老功能的弱化。在各种社会化的养老服务方式中，社区居家养老不仅能满足老年人就地养老的心愿，还具有低成本、高效益的优势，是广大农村老年人更为适宜的选择。

在经济欠发达的武陵山区，农村劳动力的外流现象更为普遍，因而更需要社会化养老服务的支持。不容忽视的是，在农村开展社区居家养老服务面临很多障碍，如何从农村的实际情况出发，充分利用有限的养老服务资源，有针对性地构建与各农村区域特点、不同群体养老需求相适应的社区居家养老服务发展模式，是一个既棘手又紧迫的问题。为此，本书利用武陵山区恩施市几个典型农村区域的调查数据，通过理论分析和实证检验，研究不同区域、不同老年人群体对社区居家养老服务的需求，以求构建求同存异、可持续发展的农村社区居家养老服务模式。

本书主要围绕三条主线展开：一是从整体上研究恩施市农村老年人社区居家养老服务的需求及影响因素；二是基于区域差异研究恩施市近郊、远郊农村老年人社区居家养老服务的需求；三是基于群体差异研究恩施市农村空巢老年人及女性老年人社区居家养老服务的需求。在上述研究的基础上，提出开展农村社区居家养老服务的政策建议。

首先，本书对社区居家养老服务需求的相关研究文献进行了梳理，对相关概念进行了界定，并基于需求理论、社会支持理论、区域经济非均衡理论及增权理论，构建了研究农村社区居家养老服务需求的理论框架。

其次，本书深入阐述了研究区概况及开展农村社区居家养老服务的现实条件，并运用实地调研数据对农村老年人社区居家养老服务的需求进行了实证分析。在农村老年人社区居家养老服务的需求特征及影响因素方面，发现农村老年人对社区居家养老服务的需求水平总体不高，老年人的个体特征、家庭特征、经济特征以及地区特征，是影响农村老年人社区居家养老服务需求水平的重要因素。在农村老年人社区居家养老服务需求的区域差异方面，发现近郊、远郊农村老年人的养老资源不仅存在显著差异，且社区居家养老服务的需求程度也存在较大差异。相对来说，家庭养老资源越丰富，农村老年人对社区居家养老服务的需求越少。由此得出，家庭养老资源对近郊、远郊农村老年人社区居家养老服务的需求水平有重要影响，且对远郊农村老年人的影响更为显著。在农村老年人社区居家养老服务需求的群体差异方面，就农村“空巢”老年人而言，青壮年劳动力的外迁是农村“空巢”老年人形成的主要原因，且农村“空巢”老年人的生活状况堪忧。与农村非“空巢”老年人相比，“空巢”老年人的生活满意度低，对社区居家养老服务的需求程度高。“空巢”原因和身体健康状况对农村“空巢”老年人社区居家养老服务的需求有着重要影响。研究发现，农村女性老年人的经济状况和身体健康状况都较差，加上丧偶比例高，农村女性老年人在养老方面面临着更多的不确定性。但是，农村女性并没有因此对社区居家养老服务表现出更高程度的需求。此外，经济状况对农村女性老年人社区居家养老服务的需求水平有着重要影响。

最后，本书基于区域差异和群体差异对农村社区居家养老服务的开展提出以下建议：一是加强农村社区建设。社区是开展社区居家养老服务的重要载体，因此开展农村社区居家养老服务的首要问题是农村社区的构建。只有建立充满活力和凝聚力的社区，才能有效发挥社区在养老服务中的作用。建设农村社区就要加强农村基层组织和社会化组织的建设，通过基层组织和社会化组织的相互合作补充，提高社区对社会化养老模式的支持力。此外，农村社区建设应根据地域差异实行多元化建设。例如，在近郊农村进行社区建设可考虑以行政村为单元，以城市社区模式为导向，利用新农村建设引导居民集中居住，加强社区的基础设施建设。远郊农村受居住地分散的限制，不适宜采用以行政村为单元的方式建设社区，以自然村为单元建设社区有更强的可操作性。二是根据区域差异设计农村社区居家养老服务实施方案。近郊农村和远郊农村的经济社会发展状况存在较大差异，因此社区居家养老服务开展的侧重点应有所不同。近郊农村应以建立社区居家养老服务中心为主，发挥示范作用；远郊农村则以建立互助养老服务中心为主，发挥过渡作用。三是基于老年人差异提供社区居家养老服务。如根据老年人需求提供服务内容，引导社会资源供给多样化的养老服务，以及通过信息化渠道架设老年人与养老服务提供者之间的桥梁。另外，值得注意的是，社区居家养老服务是准公共产品，针对少数特殊老年群体无偿提供，大部分老年人只有付费才能享用。农村老年人购买能力低，在很大程度上制约了其潜在需求向有效需求转化。为此，应通过提高农村老年人的收入水平，增强其购买力，将其潜在需求转为有效需求，如提高城乡居民基本养老保险的保障水平，引导近郊被征地农民参加商业保险，适度提高远郊农村老年人农业生产补贴，等等。

目 录
CONTENTS

第一章

绪　论

第一节　研究缘起与研究意义

一、研究缘起

自1999年迈入老龄化社会以来，我国老年人口不断增加，老龄化程度日趋严重。根据《中国2016年国民经济和社会发展统计公报》的数据，截至2015年末，我国60岁及以上老年人达到2.31亿，占总人口的比重为16.7%。[①] 预计2025年，我国老年人口将突破3亿，2033年将突破4亿，2053年将达到峰值4.87亿，届时分别占亚洲老年人口的2/5，全球老年人口的1/4。[②] 我国老年人口除了绝对规模大之外，增长速度也很快。据全国老龄办发布的《中国人口老龄化发展趋势预测研究报告》数据，2001—2020年，我国人口快速老龄化，平均每年增加596万老年人口，年均增长速度达到3.28%。[③]

值得注意的是，我国老龄人口比例城乡倒置较明显。2000年，第五次人口普查结果显示，城市60岁及以上老年人和农村60岁及以上老年人比例分别为9.68%、10.91%；2010年，第六次人口普查结果显示，该比例分别为11.68%、14.98%。十年间，城市老年人比例上升了2个百分点，农村老年人比例上升了4.07个百分点，农村老年人口比例上升幅度比城市的高了2.07个百分点。预计到2030年，我国农村60岁及以上老年人口比

① 中华人民共和国国家统计局．中华人民共和国2016年国民经济和社会发展统计公报［EB/OL］．［2017-02-28］．http：//www.stats.gov.cn/tjsj/zxfb./201702/t20170228_ 1467424.html.

② 李志宏．国家应对人口老龄化战略研究总报告［J］．老龄科学研究，2011（3）：4-34.

③ 全国老龄工作委员会办公室．中国人口老龄化发展趋势预测研究报告［EB/OL］．［2007-12-27］．http：//www.cncaprc.gov.cn/contents/16/11224.html.

例将达到 30.14%。我国老龄人口比例城乡倒置将持续到 2045 年左右，届时我国人口老龄化的重心将由农村转入城市。①

在一定的社会经济发展情况下，影响人口老龄化的因素主要有生育、死亡和人口迁移流动。农村青壮年人口的迁移流动对加快我国农村人口老龄化进程发挥了重要作用。农村劳动力异地转移客观上加剧了农村人口的老龄化程度，改变了传统的养老方式。无人照料、精神慰藉匮乏等因素让农村老年人的养老风险不断加大，亟须通过提供社会养老服务去化解这些风险。以家庭为基础、以社区为依托的社区居家养老模式不仅能满足老年人就地养老的心愿，而且具有低成本、高效益优势，是广大农村老年人口适宜的选择。但是，相对于城市而言，在农村开展社区居家养老面临很多约束，因此必须基于老年人的需求，结合当地的社会、经济、地域等特点，构建适应性强、长效性的农村社区居家养老模式，有效解决农村老年人的养老难题。

在经济欠发达的武陵山区，农村劳动力外流现象更为普遍，老年人“留守”问题更为突出，对农村社区居家养老服务有更多需求。而且，武陵山区经济发展滞后，各区域社会经济发展水平差异大，故对社区居家养老服务模式的适应性提出更高要求。如何在养老服务资源短缺和区域经济发展不均衡的背景下，构建既能满足农村老年人的基本养老需求，又能与各区域社会经济特点、老龄化态势、老人意愿相适应的社区居家养老服务模式，是一个需要不断探索的紧迫性问题。本书对武陵山区恩施市农村区域的调查数据进行理论分析和实证检验，研究不同区域、不同群体老年人社区居家养老服务的需求水平，以此构建农村社区居家养老服务模式。具体目的如下：第一，基于农村区域发展不均衡带来的经济社会条件差异，分析社区居家养老服务需求的区域差异及其影响因素，为分区域可持续地构建农村社区居家养老服务模式提供理论依据。第二，分析农村不同群体对社区居家养老服务需求的差异，为制定保障农村“空巢”老年人、女性老年人养老权利政策提供实证依据。第三，探讨发展农村社区居家养老服

① 穆怀中，陈曦．人口老龄化背景下农村家庭子女养老向社会养老转变路径及过程研究[J]．人口与发展，2015（1）：2-11.

务的思路、原则，优化养老服务资源的分配，以便分区域循序渐进地开展农村社区居家养老服务。

二、研究意义

（一）理论意义

我国人口老龄化问题日益突出，农村的形势更为严峻。农村老年人缺乏生活照顾、精神慰藉等问题仅依靠传统的养老方式难以解决，社区居家养老方式不仅符合大多数老年人的居家养老意愿，还能优化整合养老资源，降低养老成本。社区居家养老服务的宗旨是提高老年人的生活质量，因此在确定养老服务项目时要以老年人的需求为导向。受制于经济落后、基础设施薄弱等实际情况，分步优化开展养老服务是确保社区居家养老模式可持续发展的关键。本书立足需求，揭示农村老年人社区居家养老服务需求的特点及差异，并在此基础上探讨推进农村社区居家养老服务的举措，对我国农村社区居家养老服务模式的发展有重要意义，具体体现在：

（1）基于区域差异研究农村老年人社区居家养老服务的需求，提出分区域、循序渐进地开展农村社区居家养老服务的设想，为在经济发展不平衡、老龄化程度不均衡背景下如何优化配置养老服务资源提供理论依据。

（2）基于从群体差异比较农村老年人社区居家养老服务需求水平的异同，从制度层面为解决农村“空巢”老年人、农村女性老年人等弱势老年群体的养老问题提供新的视角。

（3）探讨面向社区居家养老模式的农村社区构建，提出资源和服务并重的社区居家养老理念，为当前社会经济条件下农村社区居家养老服务模式的构建提供本书的研究思路。

（二）实践意义

本书以实地调研数据为基础，分析农村老年人的生活状况、社区居家养老服务的需求及其相关影响因素。基于需求的区域差异与群体差异，提出了推进农村社区居家养老的举措，其实践意义主要体现在：

（1）以需求差异为切入点，分区域、分群体探析农村老年人社区居家养老服务需求的特征，对农村社区居家养老的规划与发展具有指导意义。

（2）农村社区居家养老的区域适应性研究，对于有效提升社区居家养老的服务能力及实施效果具有一定的参考价值。

（3）基于差异构建不同的社区居家养老服务发展模式，对优化农村养老服务资源的分配、协调各区域社区居家养老服务的开展、保障社区居家养老模式的可持续发展具有指导意义。

第二节　国内外研究综述

一、国内研究综述

（一）城市社区居家养老服务需求的研究

随着中国老龄化程度的加剧，城市率先对社区居家养老服务模式进行了实践。以老年人需要为导向对于社区居家养老服务项目的设定尤为重要。老年人社区居家养老服务需求受到诸多因素影响。近年来，出现了很多针对城市老年人对社区居家养老服务的需求及其影响因素的研究。

1. 城市老年人对社区居家养老服务的需求

我国正经历着世界上规模最大、速度最快的老龄化过程，与此相应的养老服务需求被逐步释放出来。随着家庭的日趋小型化、“空巢”化，家庭养老功能逐渐弱化，人们对社会养老功能的强化和养老服务形式的多样化提出了更高要求（刘晓梅，2012）。[①] 景天魁（2015）认为随着我国经济社会的发展，养老服务已经不限于基本的生存需求，医疗健康及其他方面的需求所占比重快速上升，养老服务必须考虑老年人的全面需求。[②] 胡宏伟等（2011）认为老年人对精神慰藉的渴求已经超越日常照顾的需求，

① 刘晓梅．我国社会养老服务面临的形势及路径选择［J］．人口研究，2012（5）：104-112.

② 景天魁．创建和发展社区综合养老服务体系［J］．苏州大学学报（哲学社会科学版），2015（1）：29-33.

在物质照料方面得到满足后，自然对精神方面产生更多的诉求。[①] 李兵等(2008) 通过调查北京市月坛街道老年人社区居家养老服务的需求，发现老年人最需要的服务首先是医疗保健，其次是生活照料，最后是精神文化。在医疗健康服务方面，老年人对健康讲座和陪同看病的需求最大。[②] 章晓懿等（2011）通过调查上海市老年人的社区居家养老需求发现，在助餐、助洁、助医和康乐四大服务中，老年人对助医的需求最大，反映了老年人对医疗服务需求的迫切程度。[③] 耿永志（2013）通过分析石家庄市老年人的抽样调查发现，在基础型养老服务项目中，陪同就医或体检是老年人最偏好的项目。因此，社区养老服务中心应与社区卫生医疗系统相衔接。[④] 田北海等（2014）利用武汉市武昌区、宜昌市西陵区和孝感市针对社会养老服务体系建设问卷调查的数据分析了老年人的养老服务需求，发现在日常生活照料、医疗护理、精神慰藉以及权益保障四大类养老服务项目中，老年人对医疗护理和精神慰藉的需求水平相对较高。[⑤]

此外，有学者分析了老年人对社区居家养老服务各类项目的子项目需求。史薇等（2014）将养老服务需求分为生活照料、医疗康复和精神慰藉，并调查了北京市老年人对各类服务项目的需求情况。在生活照料服务项目中，老年餐桌需求最大，其次是老年人服务热线，日常购物服务需求较小；在医疗康复服务项目中，上门看病、上门护理及康复治疗的需求较大，陪同看病的需求较小；在精神慰藉服务项目中，需求最大的是法律援助。[⑥] 邓莉莉等（2014）调查了广西城市老年人社区居家养老服务需求，

---

① 胡宏伟，李玉娇，张亚蓉．健康状况、社会保障与居家养老精神慰藉需求关系的实证研究［J］．西华大学学报（哲学社会科学版），2011（4）：91-98.

② 李兵，张文娟，洪小良．社区居家养老服务的政策体系研究：以北京市月坛街道为例［J］．北京行政学院学报，2008（1）：79-83.

③ 章晓懿，刘帮成．社区居家养老服务质量模型研究：以上海市为例［J］．中国人口科学，2011（3）：83-92.

④ 耿永志．社区居家养老服务中心建设存在的问题：以石家庄市老年人抽样调查为基础［J］．现代经济探讨，2013（5）：79-82.

⑤ 田北海，王彩云．城乡老年人社会养老服务需求特征及其影响因素：基于对家庭养老替代机制的分析［J］．中国农村观察，2014（4）：2-17.

⑥ 史薇，谢宇．家庭养老资源对城市老年人居家养老服务需求的影响研究：以北京市为例［J］．西北人口，2014（4）：88-94.

其把服务项目分为日间照料、医疗保健、文化教育、精神生活四大类。在日间照料服务项目中，需求位于前三位的分别是陪护照料、日托服务、紧急呼叫，而购物送餐的需求很小；在医疗保健服务项目中，需求位于前三位的分别是健康护理、家庭病床、疾病防治，健康档案的需求很小；在文化教育服务项目中，需求位于前三位的分别是知识讲座、兴趣培训班、老年大学，法律援助的需求相对较小；在精神生活服务项目中，需求最大的是邻里结对，其次是情感倾诉，心理辅导及相互关爱的需求则较小。①

2. 影响城市老年人社区居家养老服务需求的因素

王晓峰等（2012）以长春市的调查数据为基础，分析了城市社区养老服务需求及影响因素，发现不同特征和背景的老年人对社区养老服务需求存在差异。健康状况、居住类型、代际关系、受教育程度等因素会影响老年人社区养老服务需求。开展社区养老服务应充分考虑老年人的需求，以此让社区养老服务更有效。② 史薇等（2014）利用中国人民大学研究所“西城区老年人基本情况和服务需求”的调查数据，分析了家庭养老资源对城市老年人居家养老服务需求的影响。发现反映家庭养老人力资源状况的照料者人数对老年人居家养老服务需求有显著影响，家庭照料者人数越多，老年人对生活照料、医疗康复及精神慰藉各项服务的需求越小。说明家庭成员在保证老年人的生活质量上仍然有难以替代的作用，有必要对家庭照料者提供“喘息服务”。③ 章晓懿等（2011）利用针对上海市社区居家养老服务的抽样调查数据，从个体差异的视角分析了影响社区居家养老服务质量的因素，发现高龄老年人和女性老年人对精神慰藉类的康乐服务关注更多，要求更高。因此，在设计社区居家养老服务项目时应兼顾老年人个体差异，如在康乐服务中特别考虑80岁以上高龄老年人及女性老年人

① 邓莉莉，周可达．城市社区居家养老服务研究：以广西为例［J］．学术论坛，2014（12）：133-137.

② 王晓峰，刘帆，马云博．城市社区养老服务需求及影响分析：以长春市的调查为例［J］．人口学刊，2012（6）：34-39.

③ 史薇，谢宇．家庭养老资源对城市老年人居家养老服务需求的影响研究：以北京市为例［J］．西北人口，2014（4）：88-94.

的心理需求。[①]

（二）农村社区居家养老服务需求的研究

农村地区受条件限制，社区居家养老服务起步比城市晚，有的地区甚至还处于空白状态。但在农村家庭养老资源匮乏的情况下，农村老年人社区居家养老服务需求引起了学者越来越多的关注。

1. 农村老年人社区居家养老服务需求

在人口老龄化、家庭结构核心化和农村"空心化"背景下，农村老年人的养老观念也逐渐发生变化，养老服务的需求开始分化，越来越多的农村老年人希望得到家庭之外的照料支持（黄俊辉，2014）。[②] 农村社区居家养老更符合大多数农村老年人的养老意愿（张国平，2014；李兆友等，2016）[③,④]。张娜等（2014）通过研究中国健康与养老追踪调查（CHARLS）数据发现，农村老年人首选以家庭为基础的居家养老服务模式。因此，社会养老服务体系建设应当尊重老年人的主观需求，着重居家养老服务的建设。[⑤]

李伟（2012）对河南省六个地市进行抽样调查发现，农村社会养老服务需求以生活照料、健康医疗、精神服务为主。其中，生活供养仍是农村老年人最迫切的需求，其次是生活照料需求，再次是医疗卫生服务需求，最后是精神层面的需求。可充分发挥社区在老年人生活照料方面优势的社区居家养老，是适合农村实际的养老服务模式。[⑥] 王振军（2016）通过分析甘肃农村老年人的问卷调查发现，甘肃农村老年人最需要的服务是医疗

---

① 章晓懿，梅强．影响社区居家养老服务质量的因素研究：个体差异的视角［J］．上海交通大学学报（哲学社会科学版），2011（6）：23-30.

② 黄俊辉，李放，赵光．农村社会养老服务需求评估：基于江苏 1051 名农村老人的问卷调查［J］．中国农村观察，2014（4）：29-41.

③ 张国平．农村老年人居家养老服务的需求及其影响因素分析：基于江苏省的社会调查［J］．人口与发展，2014（2）：95-101.

④ 李兆友，郑吉友．农村社区居家养老服务需求强度的实证分析：基于辽宁省 S 镇农村老年人的问卷调查［J］．社会保障研究，2016（5）：18-26.

⑤ 张娜，苏群．农村老年人居住意愿与社会养老服务体系构建研究［J］．南京农业大学学报（社会科学版），2014（6）：62-69.

⑥ 李伟．农村社会养老服务需求现状及对策的实证研究［J］．社会保障研究，2012（2）：29-35.

护理和临终关怀，其次是生活照料和文化娱乐，对精神慰藉和其他服务项目的需求较小。因此，应加强培育农村社区养老服务队伍，使其掌握医疗护理和临终照料的相关知识，从而有效地向老年人提供专业化服务。① 张国平（2014）基于对江苏农村老年人的调查，发现农村老年人最希望社区（村）提供医疗服务，其次是文化娱乐服务，最后是家政服务。在既定的预算内，应根据项目的重要性与老年人的需求程度稳步有序地推进居家养老工作。② 连袆晓等（2016）调查发现，河南农村老年人居家养老服务需求中医疗保健最大，其次为生活照料、文化娱乐，需求位于前三位的医疗保健服务项目分别为定期体检、健康讲座和上门诊治。因此，要注重医疗保健、生活照料等居家养老服务的无缝对接。③

在养老服务项目方面，项目的设定和农村老年人的需求各有差异。朱启戎等（2013）以江苏省泰州市为例，研究了农村老年人对居家养老服务各项目的需求，结果为在生活照料服务项目中，农村老年人对家政服务、送医送药和家电门窗维修的需求较大；在医疗保健服务项目中，农村老年人最需要的是常规检查，其次是应急救助；在精神慰藉服务项目中，农村老年人的需求主要集中在棋牌娱乐和陪同聊天。④ 王俊文等（2014）对江西赣州农村养老服务需求进行了调查，结果显示：在生活照料方面，农村老年人对患病时的照顾需求最大，且重体力劳动较多；在医疗服务需求方面，上门诊治、定期检查是农村老年人最迫切的需求；在精神文化需求方面，健身需求最大。基于此，研究者提出在农村社区层面，必须逐步建立“多层次、广覆盖”的社区养老服务需求网络。⑤ 老年人对居家养老服务需求的强度、迫切性和不可或缺性存在差异。有学者基于辽宁省农村老年人

① 王振军．农村社会养老服务需求意愿的实证分析：基于甘肃 563 位老人问卷调查［J］．西北人口，2016（1）：117-122.

② 张国平．农村老年人居家养老服务的需求及其影响因素分析：基于江苏省的社会调查［J］．人口与发展，2014（2）：95-101.

③ 连袆晓，贾晓灿，鲁锋，等．河南省农村居家养老服务需求的影响因素［J］．郑州大学学报（医学版），2016（5）：606-610.

④ 朱启戎，董强．农村老人对居家养老的认知和需求：以江苏省泰州市 P 村为例［J］．成都师范学院学报，2013（2）：55-58.

⑤ 王俊文，杨文．我国农村养老服务需求现状及对策研究：基于江西赣州的调查［J］．江西社会科学，2014（9）：181-185.

的问卷调查，对农村居家养老服务需求强度进行了实证分析。研究发现，农村老年人对医疗保健需求强度最高，其次为精神慰藉，最后为生活照料。在医疗保健方面，对设立健康档案、上门看病、提供健康知识、用药服务、长期照护、康复理疗的需求强度较高；在精神慰藉方面，对提供娱乐活动场所、特殊关怀、心理咨询、法律援助的需求较大；在生活照料方面，需求较大的是紧急救援。因此，政府部门在推进居家养老工作时应根据居家养老服务项目的需求弹性，从满足老年人最迫切、最重要的需求出发，稳步有序地推进居家养老服务工作，优先发展老年人需求最为迫切的服务项目（郭竞成，2012）。①

2. 影响农村老年人社区居家养老服务需求的因素

李兆友等（2016）基于辽宁省农村老年人的问卷调查数据实证分析发现，年龄、性别、生活自理能力、婚姻状况、健康自评对农村老年人居家养老服务需求强度有显著性影响。故应尊重农村老年人异质性居家养老需求，提供多样化的居家养老服务。② 黄俊辉等（2014）基于江苏省农村老年人的问卷调查数据实证研究发现，农村老年人养老服务需求主要受年龄、慢性病状况、个人年收入、"空巢"户和儿子数量的影响。年龄、慢性病状况、个人收入和"空巢"户对养老服务需求意愿有显著的正向影响，儿子数量则有显著的负向影响。所以，应结合农村老年人的需求特征，正确引导农村社会养老服务资源配置和功能定位。③ 李放等（2013）基于江苏三镇的调研数据，对影响农村老年人居家养老服务需求的因素进行了实证分析。结果发现，居住地的经济发达程度、家庭总收入、对居家养老模式的了解程度与居家养老需求强度呈现显著的正相关关系，年龄与需求则呈显著的负相关关系。④ 有学者还分别对影响各具体服务项目需求

① 郭竞成．农村居家养老服务的需求强度与需求弹性：基于浙江农村老年人问卷调查的研究［J］．社会保障研究，2012（1）：47-57.

② 李兆友，郑吉友．农村社区居家养老服务需求强度的实证分析：基于辽宁省S镇农村老年人的问卷调查［J］．社会保障研究，2016（5）：18-26.

③ 黄俊辉，李放，赵光．农村社会养老服务需求意愿及其影响因素分析：江苏的数据［J］．中国农业大学学报（社会科学版），2015（2）：118-126.

④ 李放，樊禹彤，赵光，等．农村老人居家养老服务需求影响因素的实证分析［J］．河北大学学报（哲学社会科学版），2013（5）：68-72.

的因素进行了实证分析。在家政服务需求意愿上，与其显著相关的是从事的职业和受教育年限；在医疗服务需求意愿上，与其显著相关的是年龄、受教育年限和居住方式；在文化娱乐服务需求上，与其显著相关的是年收入、从事的职业和受教育年限。因此，应根据老年人的基本情况，结合老年人居家养老服务需求，有针对性地开展居家养老服务工作（张国平，2014）。[①]

（三）社区居家养老服务需求差异化研究

1. 社区居家养老服务需求的区域差异研究

由于城市和农村在社会发展、经济水平方面的差异，导致城乡养老服务需求具有很大的差异。同时应该看到，相对城市来说，农村既包含受到城市辐射大的近郊农村，也包括远离城市的远郊农村。这些不同农村区域的老龄化态势及社会经济水平也存在较大的差异。因此，很多学者分别对城乡之间以及近郊农村和远郊农村之间的养老服务需求进行了比较研究。

胡宏伟等（2012）研究发现，城镇的居家养老服务需求虽略大于农村，但随着城市化进程的推进，这一差异将逐渐被削弱。为此，应推广政府购买基本居家养老服务，以促进养老服务的均等化。[②] 据国家应对人口老龄化战略研究（2014）的调查研究，农村老年人对社区照料服务需求比城市更为强烈，且这种差异呈现扩大趋势。[③] 有学者还对城乡社区居家养老服务需求进行了预测：到2050年左右，农村老年人对社区居家养老服务的需求将大于城市老年人。在城市中，上门看病和家政服务类项目在现阶段需求量比较大，精神慰藉类服务需求在未来将位于前列；而在农村，由于生活习惯及观念的不同，居家养老服务需求不同于城市，且精神慰藉类服务在未来会位于需求首位（赵婧，2010）。[④] 还有学者分析了城市与农村的社区居家养老服务需求、供给与利用之间的差异。城市老年人对法律援

---

① 张国平．农村老年人居家养老服务的需求及其影响因素分析：基于江苏省的社会调查［J］．人口与发展，2014（2）：95-101.

② 胡宏伟，时媛媛，肖伊雪．公共服务均等化视角下中国养老保障方式与路径选择：居家养老服务保障的优势与发展路径［J］．华东经济管理，2012（1）：119-123.

③ 国家应对人口老龄化战略研究老年妇女问题研究课题组．中国城乡老年人基本状况问题与对策研究［M］．北京：华龄出版社，2014：10-12.

④ 赵婧．我国居家养老服务需求预测及其发展思考［D］．杭州：浙江大学，2010.

助、康复治疗、上门看病的服务需求比例最高，且城市老年人居家养老服务的供给比较大。但是，城市老年人对居家养老服务的利用程度却不高。农村老年人对上门看病、聊天解闷、上门护理以及上门做家务的需求非常大。与城市老年人居家养老服务需求不足、供给过剩不同，在广大农村地区，老年人居家养老服务需求较大、供给不足。但无论是城市还是农村，老年人居家养老服务项目的利用水平都偏低，因此需要针对城乡社区居家养老服务的实际情况与老年人的需求制定相应措施（丁志宏等，2011；王莉莉，2013）[①,②]。

田北海等（2014）基于武汉市武昌区、宜昌市西陵区和孝感市的社会养老服务体系建设调查问卷，实证分析了影响城乡老年人养老服务需求的因素。结果发现，身体机能是城乡老年人养老服务需求的硬性约束条件，对于身体机能较差的老年人而言，养老服务需求是一种刚性的、不可逆需求。此外，老年人的养老服务需求还受家庭养老资源的影响，家庭养老资源越不充分的老年人，养老服务的需求水平越高。[③] 胡宏伟等（2012）利用“2011 年关于我国城乡居民养老服务调查”的数据，从个人健康特征、老年人家庭特征和社会经济特征三个方面对影响城乡老年人居家养老服务需求的因素进行了分析。结果表明：心理健康状况是影响城市老年人居家养老服务需求的重要因素，且子女的家庭收入对城市老年人居家养老服务需求有显著正向影响；身体健康状况对农村老年人居家养老服务需求有显著负向影响，且居住方式对农村老年人居家养老服务需求有重要影响。此外，无论在城市还是农村，不同年龄段老年人对居家养老服务的需求存在差异。因此，政府应根据老年人的需求合理分配城乡养老资源，实现公共养老服务资源均等化。[④]

---

① 丁志宏，王莉莉．我国社区居家养老服务均等化研究［J］．人口学刊，2011（5）：83-88.

② 王莉莉．基于“服务链”理论的居家养老服务需求、供给与利用研究［J］．人口学刊，2013（2）：49-59.

③ 田北海，王彩云．城乡老年人社会养老服务需求特征及其影响因素：基于对家庭养老替代机制的分析［J］．中国农村观察，2014（4）：2-17.

④ 胡宏伟，张亚蓉，郭牧琦．心理健康、城乡差异与老年人的居家养老保障需求研究［J］．中北大学学报（社会科学版），2012（2）：1-9.

城郊地区由于独特的地理位置及经济发展阶段、社会问题的特殊性，使其养老模式不同于城市和农村（邹宜珺等，2014）。[①] 城郊是城乡的接合部，兼具城市和农村的双重特性。与远郊农村老年人相比，城郊农村老年人的社区养老服务需求具有独特性，体现为需求量普遍较大，需求层次更高，需求构成复杂（孙健夫等，2013）。[②] 同时，相对于远郊农村老年人来说，近郊农村老年人对社会养老服务政策的认同度更高。这一方面显示了农村养老服务政策的实施效果，另一方面意味着为提升远郊及落后地区老年人养老服务政策的社会认同度，应加大养老服务政策的投入力度（王增文，2015）。[③] 此外，不同地区经济发展水平的差异导致了农村老年人居家养老服务需求的差异。例如，与江苏省北部、中部地区相比，江苏省南部地区的经济发展水平较高，这里的农村老年人对居家养老服务的需求也更大，所以开展老年人居家养老服务应考虑不同地区的实际情况（李放等，2013）。[④]

2. 社区居家养老服务需求的群体差异研究

有效解决养老问题的关键在于解决弱势群体的养老问题。在老年弱势群体中，“空巢”老年人和女性老年人是两种不同典型。“空巢”老年人问题不仅是老年人和老年人家庭的问题，更是全社会必须面对的人道主义问题（穆光宗，2016）。[⑤] 女性老年人往往处于弱势地位（杨菊华等，2013）。[⑥] 因此，“空巢”老年人和女性老年人亟须受到社会关注。针对两类老年人的居家养老服务需求，学者也展开了相应研究。

---

① 邹宜珺，李梅芳．城郊居民养老现状调查研究：以烟台市为例［J］．环渤海经济瞭望，2014（6）：15-19.

② 孙健夫，姚文朱．我国现阶段城郊地区养老服务问题研究［J］．经济管理，2013（10）：174-180.

③ 王增文．农村老年人口对养老服务供给主体的社会认同度研究：基于宗族网络与农村养老服务政策的比较［J］．中国行政管理，2015（10）：124-128.

④ 李放，樊禹彤，赵光．农村老人居家养老服务需求影响因素的实证分析［J］．河北大学学报（哲学社会科学版），2013（5）：68-72.

⑤ 穆光宗．人口生态重建［M］．北京：中国科学技术出版社，2016：126-128.

⑥ 杨菊华，谢永飞．累计劣势与老年人经济安全的性别差异：一个生命历程视角的分析［J］．妇女研究论丛，2013（4）：18-29.

（1）“空巢”老年人社区居家养老服务需求的研究

无论是在城市还是在农村，相对于非“空巢”老年人，“空巢”老年人往往面临更多的养老问题。与城市非“空巢”老年人相比，城市“空巢”老年人的生活质量整体偏低（封婷等，2008）。[①] 城市“空巢”老年人除了在生活自理方面比非“空巢”老年人更强外，在健康自评、心理健康、生活满意度三个方面均处于“劣势”（李建新等，2012）。[②] 城市“空巢”老年人不仅面临经济问题和日常生活照料问题，还存在更多的心理健康问题，孤独感更强，心理健康水平显著低于非“空巢”老年人（李安彬等，2007）。[③]

随着年龄的增长、社会交往及家庭代际关系的巨大变化，“空巢”老年人具有不同于其他人群的需求，是老年人中的独特群体（赵芳等，2003；江海霞等，2010）[④,⑤]。田奇恒等（2012）对重庆城镇“空巢”老年人的社区居家养老服务需求进行了调查，结果显示：在生活服务需求方面，“空巢”老年人对家政服务的需求最大，其次为患病时陪同照顾及外出购物、缴费需求；在健康保障需求方面，“空巢”老年人对定期常规检查的需求最大，保健服务需求居第二位，家庭出诊、护理需求居第三位；在情感保障需求方面，对参与老年活动中心组织的活动需求最高。[⑥] 严妮（2015）基于慢性病和两周患病率情况，证明了城市“空巢”老年人对医疗服务的需求最大，尤其在医疗护理方面。为此，应建立城市社区医养结合机构，满足“空巢”老年人的养老需求。[⑦] 陈建兰（2009）通过调查苏

---

① 封婷，陈茗．厦门市城区空巢老年人生活质量综合评析［J］．南方人口，2008（2）：37-43.

② 李建新，李嘉羽．城市空巢老人生活质量研究［J］．人口学刊，2012（3）：31-41.

③ 李安彬，严建雯，陈传锋．空巢家庭老年人的心理问题与社会支持［J］．海南师范大学学报（社会科学版），2007（6）：160-163.

④ 赵芳，许芸．城市空巢老人生活状况和社会支持体系分析［J］．南京师大学报（社会科学版），2003（3）：61-67.

⑤ 江海霞，陈雷．养老保障需求视角下的城市空巢老人居家养老服务模式［J］．前沿，2010（3）：155-159.

⑥ 田奇恒，孟传慧．城镇空巢老人社区居家养老服务需求探析：以重庆市某新区为例［J］．人口与社会，2012（1）：30-33.

⑦ 严妮．城镇化进程中空巢老人养老模式的选择：城市社区医养结合［J］．华中农业大学学报（社会科学版），2015（4）：22-28.

州市城市“空巢”老年人生活状况发现，寻求精神慰藉是城市“空巢”老年人生活的一个重要方面，且对社区照顾服务的需求较为强烈，所以应加强社区照料服务，同时关注“空巢”老年人的精神文化生活。①

与城市“空巢”老年人相比，农村“空巢”老年人可利用的养老资源更少，面临更多的养老问题（吴佩芬，2012）。② 与农村非“空巢”老年人相比，农村“空巢”老年人除了具有较强的生活自理能力外，在物质生活条件、心理状况、主观满意度等方面都处于劣势（李建新等，2014）。③

很多农村“空巢”老年人家庭虽然能给予老年人一定的经济支持，但难以提供充足、有效的生活照料和精神慰藉，农村“空巢”老年人对生活照料、精神慰藉的需求随着年龄增长而快速增加（王银秀，2005）。④ 陈建兰（2009）通过对苏州农村“空巢”老年人养老问题进行实证研究发现，有37.1%的农村“空巢”老年人需要社区（村）为其提供相关服务，这样的需求水平在经济相对落后、思想保守的农村还是较高的。⑤ 从总体上看，农村“空巢”老年人对医疗保健服务的需求最为迫切，其次为精神慰藉需求，最后为生活照料服务需求。因此，开展社区居家养老服务应考虑“空巢”老年人的实际需求，重点供给需求程度高的服务项目（蔡松，2015）。⑥ 周湘莲等（2014）则认为，面对亟待解决的诸多问题，农村“空巢”老年人的精神养老问题尤为突出，为此应构建农村社区精神养老服务体系，以满足农村“空巢”老年人对精神养老的迫切需求。⑦

此外，值得注意的是，“空巢”家庭中的老年夫妻和独居老年人呈现两极化。在身体健康方面，“空巢”老年夫妻健康状况最好，非“空巢”

---

① 陈建兰．城市空巢老人生活状况的调查与分析［J］．社会科学辑刊，2009（4）：41-45.

② 吴佩芬．人口老龄化趋势下我国农村“空巢老人”养老困境及化解［J］．社会工作，2012（8）：40-43.

③ 李建新，冯莹莹，杨鹏．农村空巢老人生活质量研究［J］．老龄科学研究，2014（5）：3-13.

④ 王银秀．关注农村“空巢”家庭的养老问题［J］．中国人口科学，2005（S1）：160-164.

⑤ 陈建兰．经济较发达地区农村空巢老人养老问题实证研究：以苏州农村为例［J］．中国农村观察，2009（4）：47-56.

⑥ 蔡松．农村空巢老人居家养老服务需求研究［D］．重庆：重庆工商大学，2015.

⑦ 周湘莲，周勇．农村空巢老人精神养老问题研究［J］．湖南科技大学学报（社会科学版），2014（4）：101-106.

老年人次之，独居老年人则最差（周成超等，2009）。[1] 在心理健康方面，也是“空巢”老年夫妻心理状况最好，非“空巢”老年人次之，独居老年人最差（刘鹤妍等，2009）。[2] 在老年人最担心的事情中，独居老年人担心“自己不能动时没人服侍”的比例明显高于“空巢”老年夫妻（武秀杰等，2009）。[3]“空巢”老年夫妻、独居老年人以及非“空巢”老年人生活状况的差异导致其对起居照料、上门看病送药、日常购物、精神慰藉、聊天解闷、组织社会娱乐活动等社区照护服务需求存在显著性差异，按序排列：独居老人的需求>空巢老夫妻>非空巢老人（王德文等，2013）。[4]

（2）女性老年人社区居家养老服务需求研究

与其他国家一样，我国人口老龄化过程中也伴随“老年人口女性化”“女性老人高龄化”现象。女性老年人的经济和健康问题更为突出，更容易沦为社会的脆弱群体（姜向群等，2009）。[5] 性别歧视和城乡不平等使得老年妇女，尤其是农村女性老年人的生活更艰难（佟新，2008）。[6]

女性老年群体经济独立性差、收入水平低、经济承受能力弱、社会保险参保率低，生活及保障水平明显低于男性（朱冬梅，2008）。[7] 特别是农村女性老年人，具有地域（农村）和性别（女性）双重劣势，其经济状况在依据城乡、性别标准划分的四个水平群体中最差，经济保障最弱（杨菊华等，2013）。[8]

---

① 周成超，楚洁，徐凌中，等．农村空巢老年人健康自评状况及影响因素分析［J］．中国公共卫生，2009（5）：559-561.

② 刘鹤妍，边文鑫，龚茴茴，等．天津市空巢与非空巢老人心理健康状况比较［J］．中国老年学，2009（14）：1792-1794.

③ 武秀杰，武江华，陈金慧．宁波市农村空巢家庭老年人生活状况调查分析［J］．西北人口，2009（2）：58-61.

④ 王德文．社区老年人口养老照护现状与发展对策［M］．厦门：厦门大学出版社，2013：129-148.

⑤ 姜向群，杨菊华．中国女性老年人口的现状及问题分析［J］．人口学刊，2009（2）：48-52.

⑥ 佟新．我国的老龄化、性别和养老政策［J］．华中科技大学学报（社会科学版），2008（2）：82-89.

⑦ 朱冬梅．老年人口生活及保障状况性别差异分析［J］．山东女子学院学报，2008（2）：25-29.

⑧ 杨菊华，谢永飞．累计劣势与老年人经济安全的性别差异：一个生命历程视角的分析［J］．妇女研究论丛，2013（4）：18-29.

虽然女性老年人的预期寿命较长，但多半处于亚健康状态。首先，就身体健康状况而言，女性老年人比男性老年人身体差。女性老年人不仅慢性病患病率高于男性老年人，失能率也高于男性老年人。首先，80 岁及以上老年人口中，男性近 50%失能或半失能，而女性这一比例接近 60%（国家应对人口老龄化战略研究，2014）。[①] 在社会经济条件相对落后的乡村，男、女性老年人身体健康状况差异更显著，女性老年人的健康状况普遍不如男性老年人（黄鹂，2007）。[②] 无论哪一个年龄段，生活不能自理的农村老年女性比例都显著高于其他老年群体，包括农村老年男性、城市老年女性、城市老年男性（曾毅，2010）。[③] 其次，从心理健康状况来看，女性老年人也较男性老年人差。由于女性的预期寿命一般比男性长，丧偶和独居的老年女性比例也比男性高，多半女性老年人是在丧偶或独居状态下度过漫长的晚年。一旦女性老年人失去配偶，她们在经济收入、生活照顾、精神慰藉方面的问题将更突出（王莉莉，2011）。[④] 农村女性老年人丧偶人数较多，因丧偶而独居的农村女性老年人的经济独立性更差，可获得的照料支持明显不够。孤独是农村丧偶女性老年人面临的共同问题，农村女性老年人罹患抑郁症的风险高于男性老年人，抑郁程度也较男性老年人严重（杨斌等，2016）。[⑤]

钟波等（2015）研究了湖南女性老年人的养老问题，结果发现高龄、“空巢”、失能老年人中女性占多数，这些女性老年人需要长期照顾护理，是需要提供差异化服务的重要人群。近一半女性老年人处于丧偶状态，需要得到更多的关注和养老服务。女性老年人更倾向于社区养老服务，受访女性老年人需要的位于前三位的养老服务依次是医疗保健、生活照料和精

---

① 国家应对人口老龄化战略研究老年妇女问题研究课题组．老年妇女问题研究［M］．北京：华龄出版社，2014：143-150.

② 黄鹏．关注老年妇女问题：以安徽为例分析［J］．安徽大学学报（哲学社会科学版），2007（4）：44-47

③ 曾毅．老年人口家庭、健康与照料需求成本研究［M］．北京：科学出版社，2010：41-43.

④ 王莉莉．女性丧偶老年人的养老保障状况分析［J］．南方人口，2011（2）：31-38.

⑤ 杨斌，丁建定．农村丧偶老年妇女养老保障方式研究：基于陕西省洛南县 W 村的调查［J］．华中农业大学学报（社会科学版），2016（3）：90-95.

神慰藉。[①] 在医疗保健方面，钱雪飞（2014）基于江苏南通市“空巢”女性老年人的生活状况调查，结果发现改善社区医疗条件是城市“空巢”女性老年人、非“空巢”女性老年人的首要需求。[②] 在生活照料方面，总体而言，女性老年人的照料需求大于男性老年人，尤其是80岁以上女性老年人的照料需求远远大于男性老年人。城市的60~69岁组和70~79岁组男性老年人需要照料的比例虽高于女性老年人，但农村地区的各个年龄组都是女性老年人的照料需求更大（张恺梯，2010）。[③] 由于农村青壮年劳动力大量外流，以女性为主体的农村失能老年人的照料面临着巨大的资源缺口。女性老年人较差的身体状况意味着需要更多的生活照料和帮助，因此农村高龄、贫困和寡居老年妇女群体面临的养老问题更为突出（谭琳等，2013）。[④] 在精神慰藉方面，女性老年人由于丧偶率高，对精神慰藉有着强烈的需求（郅玉玲，2006）。[⑤] 因此应立足需求，构建具有性别差异的居家养老服务支持体系，通过提高社区居家养老服务能力来满足女性老年人的特殊需求（苏映宇，2013）。[⑥]

值得注意的是，女性老年人是一个沉默的弱势群体，她们并没有因为面临诸多劣势而表现出较高的社会支持需求，而是一种沉默的需求（王小璐等，2014）。[⑦] 薛伟玲等（2012）通过实证研究发现，尽管高龄、丧偶、较差的认知功能等不利因素会增加女性老年人对健康照料的需求，但其相对较差的生活经济状况又压抑这种需求。[⑧]

---

① 钟波，楚尔鸣．性别差异与女性养老问题研究［J］．求索，2015（7）：25-29.

② 钱雪飞．城市空巢老年妇女生活状况与需求的实证研究：基于江苏省南通市易家桥社区348份问卷调查［J］．北京社会科学，2014（9）：40-49.

③ 张恺悌．中国人口老龄化与老年人状况蓝皮书［M］．北京：中国社会出版社，2010：143-147.

④ 谭琳，贾云竹．2000—2010年中国老年妇女的状况变化及主要特征［J］．老龄科学研究，2013（2）：74-82.

⑤ 郅玉玲．老年妇女的社会支持系统研究：一项基于浙江省的分析［J］．华东理工大学学报（社会科学版），2006（2）：14-19.

⑥ 苏映宇．性别视角的城镇居民居家养老方式选择研究：基于福州市的实证分析［J］．社会保障研究，2013（6）：27-36.

⑦ 王小璐，风笑天．沉默的需求：老年女性的社会支持现状及困境［J］．妇女研究论丛，2014（2）：12-17.

⑧ 薛伟玲，陆杰华．基于性别差异的老年日常健康照料成本研究［J］．中央财经大学学报，2012（4）：91-96.

二、国外研究综述

（一）老年人对以社区照顾为依托的居家养老服务的需求

社区居家养老服务由西方社区照顾（community care）引进而来。社区照顾源自20世纪50年代的英国，主要针对住院式照顾的高成本且不符合老年人生活习惯而提出。英国政府于1989年发表了社会照顾白皮书，1990年颁布了全民健康服务与社会照顾法令（Robin M，1991）。① 受其影响，社区照顾模式逐渐在全球推广。

老年人通常愿意居家养老（Marek K D et al.，2005）。② 但是，随着年龄的增长，躯体功能、认知功能等下降，失去独立居住的能力，导致老年人居家养老变得困难，社区照顾则是实现老年人就地养老的一个办法（Jiska C M et al.，2008）。③ 同时，很多原因导致非正式照顾者减少，如老年人照顾者年龄的增大、家庭规模的缩小、人际关系的淡化以及更多女性参与劳动，而老年人仍倾向于居家养老。由于社区照顾能实现老年人在家养老的心愿，且与机构养老相比，具有低成本、高效益的优势，使得社区照顾的需求持续增加（Henderson E J et al.，2008）。④ 社区居家养老是一个更优的方式，正式的居家照护能显著降低老年人去养老院的概率，从而让老年人尽可能地在社区生活。此外，与在养老院接受照顾相比，老年人在社区接受照顾能降低财政资金的负担（Sarma S et al.，2007）。⑤ 与机构照料相比，依托社区提供的居家照料对老年人是最便利、最便宜的养老方

---

① ROBIN M. Community care，housing and older people：Continuity or change [J]. Housing Studies，1991，6（4）：273-284.

② MAREK K D，POPEJOY L，PETROSKI G，et al. Clinical outcomes of aging in place [J]. Nursing Research，2005，54（3）：202-211.

③ JISKA C M，JULIA F. Relationship between perceived needs and assessed needs for services in community-dwelling older persons [J]. The Gerontologist，2008，48（4）：505-516.

④ HENDERSON E J，CAPLAN G A. Home sweet home? Community care for older people in Australia [J]. Journal of the American Medical Directors Association，2008，9（2）：88-94.

⑤ SARMA S，SIMPSON W. A panel multinomial logit analysis of elderly living arrangements：evidence from Aging In Manitoba longitudinal data，Canada [J]. Social Science & Medicine，2007，65（12）：2539-2552.

式（Mmst S A C et al.，2003）。[①] Worrall G 等（2003）研究了加拿大 75 岁及以上老年人对社区照顾及机构照顾的需求，发现老年人对社区照顾的需求远远高于资源的供给，而机构照顾的需求则小于供给。显然，相对于机构照顾，资源应多向社区照顾倾斜。[②]

失能、失智会严重影响老年人的晚年生活。Meinow B 等（2010）研究了影响瑞典老年人居家照顾需求的因素，发现躯体功能和认知功能对老年人的照顾需求有显著影响。躯体功能、认知功能越差的老年人有更多的照顾需求。此外，年龄越大的老年人及独居老年人有更多的照顾需求。[③] Muramastu N 等（2010）的研究发现，虽然美国老年人一般通过非正式资源（如家人、朋友）寻求帮助，但人们开始越来越多地需要正式资源提供的照料，尤其是以居家和社区为依托的照护（home and community-based services，HCBS）。通过社区提供的日间照料，失能、失智老年人能继续在社区生活。生活自理能力及认知功能的下降还会增强老年人及其配偶的抑郁感，HCBS 能有效提高自理能力下降的老年人的心理健康水平。特别是那些自理能力下降又缺乏非正式支持的老年人，作用更明显。[④] Momtaz Y A 等（2012）通过对马来西亚 400 名失能老年人的实证分析发现，没有得到相应照料的老年人比例为 18.3%。在控制其他风险因素后，男性老年人和慢性病老年人得不到照顾的比例更高。这说明老年人缺乏充分的非正式照顾，在一定程度上会增加老年人的死亡风险。因此，应为老年人提供适当的以社区为基础的养老服务，以提高其生活质量。[⑤]

---

① MMST S A C，KEATING N，EALES J. Client-centred，community-based care for frail seniors [J]. Health & Social Care in the Community，2003，11（3）：253-261.

② WORRALL G，KNIGHT J. Short report：care for people aged 75 and older. Independence，community care，and institutional care [J]. Canadian Family Physician Médecin De Famille Canadien，2003，49（5）：623-625.

③ MEINOW B，PARKER M G，THORSLUND M. Complex health problems and mortality among the oldest old in Sweden：decreased risk for men between 1992 and 2002 [J]. European Journal of Ageing，2010，7（2）：81-90.

④ MURAMATSU N，YIN H，HEDEKER D. Functional declines，social support，and mental health in the elderly：does living in a state supportive of home and community-based services make a difference [J]. Social science & medicine，2010，70（7）：1050-1058.

⑤ MOMTAZ Y A，HAMID T A，IBRAHIM R. Unmet needs among disabled elderly Malaysians [J]. Social Science & Medicine，2012，75（5）：859-863.

抑郁是老年人常见的精神障碍，有抑郁症状的老年人常伴有失能、疾病等问题，因而其照顾需求不仅多，而且更复杂、更特殊。Stein J 等（2016）以德国 1179 名 75 岁及以上老年人为研究对象，分析了有抑郁症状老年人和无抑郁症状老年人未满足的照顾需求，以及未满足的需求与抑郁之间的关系。结果发现，总体上抑郁老年人未满足的照顾需求更多，且需求未满足的老年人更容易出现抑郁症状。因此，有必要给予这些老年人有效、优质的照顾服务。[①] Stein J 等（2016）还分别从老年人角度、老年人照料者角度及全科医生角度研究了德国 75 岁及以上有抑郁症状老年人未满足的照顾需求。与没有抑郁症状的老年人相比，有抑郁症状的老年人年龄更大、女性居多、文化程度低，且离婚或丧偶的情形多。总体上，无论站在哪一个角度，有抑郁症状的老年人未满足的照顾需求更多。对于需求未满足的程度，老年人与照料者之间以及老年人与医生之间的看法并不一致，且老年人的抑郁程度会受到这些不一致看法的影响。因此，在评估患有抑郁症状老年人需求的时候，应考虑老年人自己的看法，给予老年人表达需求的权利。[②] 认知障碍也是老年人常见的精神疾病，在美国有 17.8% 的老年人有认知障碍。但这些老年人中只有 39% 的人在养老机构接受照顾，仍有很大比例的认知障碍老年人在社区生活，这折射出社区照顾的需求（Jiska C M et al.，2008）。[③]

此外，虽然现在的老年人比以往的老年人身体更健康，失能率更低，但 80% 以上的老年人至少患有 1 种慢性病，62% 的老年人患有 2 种及以上慢性病，从而引起照料需求的增加（Warshaw G，2006）。[④] 居家护理服务（home health care，HHC）也称为居家照护，能上门为在家的患者提供专业护理、物理治疗、职业治疗、言语治疗等服务。患者在得到居家护理服务

---

① STEIN J，PABST A，WEYERER S，et al. The assessment of met and unmet care needs in the oldest old with and without depression using the Camberwell Assessment of Need for the Elderly（CANE）：Results of the AgeMooDe study［J］. Journal of Affective Disorders，2016，193：309-317.

② STEIN J，PABST A，WEYERER S，et al. Unmet care needs of the oldest old with late-life depression：A comparison of patient，caring relative and general practitioner perceptions-Results of the AgeMooDe study［J］. Journal of Affective Disorders，2016，205：182-189.

③ JISKA C M，JULIA F. Relationship between perceived needs and assessed needs for services in community-dwelling older persons［J］. The Gerontologist，2008，48（4）：505-516.

④ WARSHAW G. Chronic conditions in later life［J］. Generations，2006，30（3），1-96.

后，能更加快速地恢复健康和独立能力（Hughes S L et al.，1997）。[①] Huang F H（2015）研究了中国台湾慢性病老年人对居家照护的需求，结果显示89%的中国台湾老年人患有1种慢性病，慢性病会影响老年人的自我照顾能力。由于老年人更愿意在家居住，所以慢性病老年人需要居家照护的协助，以此保持并提升自我照顾的能力。职业和年龄会影响慢性病老年人对居家照护的需求，与75~79岁老年人相比，65~74岁老年人和80~85岁老年人对用药提醒的需求更高。与无稳定收入老年人相比，无收入及有稳定收入的老年人更需要家庭人员的关心。[②] Sindhu S等（2010）的研究发现，在泰国有护士介入的社区照护（nurseled community care）能让慢性病患者出院后在家接受照护。接受该服务3周及8周的患者，病情的严重程度显著低于没有接受该服务的患者。同时，得到护士介入社区照护的慢性病人对社区照顾的满意度更高。[③]

在对养老服务需求的评估方面，Jiska C M等（2008）研究了老年人对社区服务的感知需求与相关组织的评估需求之间的关系。结果显示，虽然感知需求和评估需求之间呈现明显的一致性，但两者之间仍然有很大的差异。例如，很大比例的老年人被评估为不需要某种服务，而老年人自己却认为需要该种服务；或者被评估为需要某种服务的，老年人却认为不需要此种服务。此外，结果还显示了老年人对服务的高需求与低利用之间的矛盾。这表明了如何确定需求以及如何让需求和服务相匹配的复杂性。为此，应改进筛选感知需求和评估需求的方法，从而为社区老年人提供更可得的照护服务。[④] 在澳大利亚，家庭和社区照料（home and community care，HACC）是社区养老服务项目的一种，能为老年人提供日常护理、保

---

① HUGHES S L，ULASEVICH A，WEAVER F M，et al. Impact of home care on hospital days：a meta analysis [J]. Health Services Research，1997，32（4）：415-32.

② HUANG F H. Explore Home Care Needs and Satisfaction for Elderly People with Chronic Disease and their Family Members [J]. Procedia Manufacturing，2015，3：173-179.

③ SINDHU S，PHOLPET C，PUTTAPITUKPOL S. Meeting the challenges of chronic illness：a nurse-led collaborative community care program in Thailand [J]. Collegian Journal of the Royal College of Nursing Australia，2010，17（2）：93-99.

④ JISKA C M，JULIA F. Relationship between perceived needs and assessed needs for services in community-dwelling older persons [J]. The Gerontologist，2008，48（4）：505-16.

健、家政、膳食等服务。但 HACC 的提供者在提供服务时并没有充分考虑老年人的需求，导致无法给老年人提供更优质的服务。因此，HACC 对需求进行评估时，应根据老年人的需求和提供的服务制订照顾计划，且计划应适时修改，以保证服务更好地满足老年人的需求（Lindeman M A et al.，2008）。①

在养老服务的使用方面，Jorm L R 等（2010）研究了澳大利亚 HACC 使用者使用该服务的影响因素。结果发现：在社会人口因素方面，年龄大、女性、家庭收入低、无配偶、无工作、本地人使用 HACC 更多；在生活方式因素方面，生活方式不良者使用 HACC 更多；在健康状况因素方面，躯体功能越差、心理健康越差、自评健康越差者使用 HACC 越多。② Kempen G I 等（1991）研究了影响荷兰老年人使用居家照护服务的因素。结果发现：在人口学变量方面，老人性别、是否独居以及收入状况显著地影响其对居家照护的利用，使用者更多为女性、独居者、低收入者；在社会支持变量方面，与使用居家照护的老年人相比，不使用此服务的老年人社会支持力度更大，但差异并不显著。此外，没有使用此服务的老年人得到了更多来自非正式照顾者提供的帮助。③

（二）老年人的照顾者对以社区照顾为依托的居家养老服务的需求

在服务理念上，西方的社区照顾强调正式资源（formal resourse）和非正式资源（informal resourse）的结合。正式资源主要指由政府、营利机构及志愿服务机构提供的照顾服务。非正式资源主要指家庭成员、朋友和邻居的照顾。家庭照顾这类非正式资源对老年人居家养老有重要作用，支持家庭中照顾者的需求有助于实现老年人的居家养老。

非正式照顾，特别是由家人提供的非正式照顾是大多数老年人最重要

① Lindeman M A，Pedler R P. Assessment of indigenous older peoples' needs for home and community care in remote Central Australia［J］. Journal of Cross-Cultural Gerontology，2008，23（1）：85-95.

② JORM L R，WALTER S R，LUJIC S，et al. Home and community care services：a major opportunity for preventive health care［J］. BMC Geriatrics，2010，10（1）：26-34.

③ KEMPEN G I，SUURMEIJER T P. Factors influencing professional home care utilization among the elderly［J］. Social Science & Medicine，1991，32（1）：77-81.

的照顾资源（Pickard L et al.，2000）。[①] 但是，这种非专业照顾存在一些问题，如家庭成员照顾者面临着很大的工作压力和照料压力。况且，有的家庭成员照顾者自己的年龄已经很高，照料老年人也力不从心，难以提供专业照护（Hong T et al.，2015）。[②] 与不用照顾老人者相比，照顾者精神状况更差，时常感到抑郁、紧张，且主观幸福感低（Pinquart M et al.，2003）。[③] 而且，老年人的照顾者主要为女性，经常承受着心理压力（Mcconaghy R et al.，2005）。[④] 居家护理服务则能有效减轻家庭照顾者的负担（Kumamoto K et al.，2006）。[⑤] Huang F H（2015）的研究发现，在中国台湾地区，照顾患有 1 种以上慢性病老年人的家庭成员需要来自家人或朋友的关心，需要社会提供服务，希望得到健康护理专业人员提供的疾病信息。[⑥] Wu L C 等（2013）在研究了中国台湾地区 65 岁及以上骨折老年人出院后对居家照护需要的同时，还评估了老年人照料者的照料困难。结果发现，这类老年人最需要的服务是伤口护理、协助去诊所、帮助洗澡等，老年人的需求与身体功能状况显著相关。家庭照料者主要是老年人的子女、配偶。家庭照料者认为最大的照顾困难是老年人的行走训练、康复、上下床、上下楼等。家庭照料者的困难也与老年人的身体功能状况显著相关。与专业护理人员相比，家庭照料者虽然更被老年人接受，但由于缺乏专业的护理知识，通常会影响老年人身体状况的恢复。因此，应该对这些

---

① PICKARD L，WITTENBERG R，et al. Relying on informal care in the new century? Informal care for elderly people in England to 2031［J］. Ageing & Society，2000，20（6）：745-772.

② HONG T，MCROY S. Caring for and keeping the elderly in their homes［J］. Chinese Nursing Research，2015，2（2）：49-55.

③ PINQUART M，SÖRENSEN S. Differences between caregivers and noncaregivers in psychological health and physical health：A meta-analysis［J］. Psychology & Aging，2003，18（2）：250-267.

④ MCCONAGHY R，CALTABIANO M L. Caring for a person with dementia：exploring relationships between perceived burden，depression，coping and well-being［J］. Nursing & Health Sciences，2005，7（2）：81-91.

⑤ KUMAMOTO K，ARAI Y，ZARIT S H. Use of home care services effectively reduces feelings of burden among family caregivers of disabled elderly in Japan：preliminary results［J］. International Journal of Geriatric Psychiatry，2006，21（2）：163-170.

⑥ HUANG F H. Explore Home Care Needs and Satisfaction for Elderly People with Chronic Disease and their Family Members［J］. Procedia Manufacturing，2015，3：173-179.

家庭照料者进行照顾技能培训，从而为老年人提供更好的照顾。[①]

非正式照顾是影响正式照顾需求程度的一个重要因素，非正式照顾的减少会催生正式照顾需求的增加。有很多原因会导致非正式照顾者的减少，如照顾者年龄的增大、家庭规模的小型化、人际关系的淡化以及更多的女性参与劳动（Henderson E J et al.，2008）。[②] 在英国，非正式照顾，特别是由配偶提供的非正式照顾是大多数老年人最重要的照顾资源。但很多老年人的配偶同样年龄很大、身体状况差，他们也需要正式服务的支持。通过正式照顾对老年人提供支持可以减轻照料者的负担。如果为有家人（主要为配偶）照顾的失能老年人提供与独居失能老年人同样的上门服务，以此对负担沉重的被照料者配偶提供支持，预计到 2031 年，接受居家照顾服务的比例将比 1996 年增加 73%（Pickard L et al.，2000）。[③] 此外，未来由老年人子女提供的非正式照顾比例会急剧下降。如果需要照料的老年人不愿意与子女同住，对居家照顾和机构照顾的需求将上升。在西班牙，老年人，特别是高龄老年人快速增加，但子女照顾年老父母的可能性却越来越小。同时，由于越来越多的女性参与劳动，使得老年人的家庭照顾资源减少。老年人的家庭照料需求经常难以满足，从而引发对社区照顾这类正式照顾的需求。但由于西班牙正式的社区照顾服务非常缺乏，其覆盖面小、资源有限，所以老年人实际上较少使用正式的社区照顾服务。为此，针对非正式家庭照顾仍是主要照顾资源且正式的社区照顾能力有限的实际情况，政府应提供社区喘息服务、日托服务，以支持家庭照料者照顾老年人（Otero A et al.，2003）。[④]

非正式照顾和正式照顾应互补，Barnay T 等（2016）研究了法国的正

---

① WU L C，CHOU M Y，LIANG C K，et al. Association of home care needs and functional recovery among community-dwelling elderly hip fracture patients [J]. Archives of Gerontology & Geriatrics，2013，57（3）：383-388.

② HENDERSON E J，CAPLAN G A. Home sweet home? Community care for older people in Australia [J]. Journal of the American Medical Directors Association，2008，9（2）：88-94.

③ PICKARD L，WITTENBERG R，et al. Relying on informal care in the new century? Informal care for elderly people in England to 2031 [J]. Ageing & Society，2000，20（6）：745-772.

④ OTERO A，DE YéBENES M J，RODRíGUEZ-LASO A，et al. Unmet home care needs among community-dwelling elderly people in Spain [J]. Aging Clinical and Experimental Research，2003，15（3）：234.

式居家照顾和非正式居家照顾对失能老年人精神健康的影响。结果表明，非正式照顾减少了老年人的抑郁风险，正式照顾提升了老年人的精神健康水平。而且，非正式照顾可长期发挥作用，正式照顾则在短期内起到重要作用并能满足老年人更多的紧急需要。非正式照顾和正式照顾都能对失能老年人的心理健康起到重要作用，所以二者应该互补。一方面，政府要意识到家庭照顾者作为非正式支持的重要性；另一方面，应对正式照顾加强财政支持，惠及更多老年人。① 在罗马，高龄孱弱老年人在接受居家护理服务一年后，自理能力、认知功能有持续的改善。更重要的是，这协助了老年人的照顾者，帮助其减轻焦虑感及负担（Di G C et al.，2004）。② 在意大利的博洛尼亚，通过培训的护理员为孱弱失能老年人提供上门居家照护服务，在降低了这些老年人死亡率的同时，也缓解了其家人由于长期照料导致的焦虑感（Gianini R et al.，2007）。③ 在日本，以社区居家为基础的服务直接阻止了老年人身心状况的下降；同时，照顾者由于负担减轻了，能为老年人提供更好的照顾（koike S et al.，2013）。④

（三）农村老年人对以社区照顾为依托的居家养老服务的需求

农村老年人数量快速增长，是边缘化和脆弱化的群体。农村老年人长期依赖于非正式照顾，但城市化进程的加快使得农村家庭规模越来越小，居住在农村的老年人难以得到家庭成员的照顾支持（Morgan C A，2001）。⑤ 随着农村老年人数量的增加，特别是失能、失智老年人的增多，以及社会的变迁，家庭照料资源的减少，家庭越来越难以承担单独照顾老年人的重任，从而引发对居家护理服务需求的迅速增加。Aydin R 等

---

① BARNAY T，JUIN S. Does home care for dependent elderly people improve their mental health [J]. Journal of Health Economics，2016，45：149-160.

② DI G C，RONZONI S，MARIANO A，et al. Home care prevents cognitive and functional decline in frail elderly [J]. Archives of Gerontology & Geriatrics Supplement，2004，38（9）：121-125.

③ GIANNINI R，PETAZZONI E，SAVORANI G，et al. Outcomes from a program of home care attendance in very frail elderly subjects [J]. Archives of Gerontology & Geriatrics，2007，44（2）：95-103.

④ KOIKE S，FURUI Y. Long-term care-service use and increases in care-need level among home-based elderly people in a Japanese urban area [J]. Health Policy，2013. 110（1）：94-100.

⑤ MORGAN C A. Demographic crisis in japan：why japan might open its doors to foreign home health-care aides [J]. Pac. rim L. & Poly J，2001，10（3）：749-779.

（2016）评估了土耳其半乡村地区农村老年人对居家护理服务的需求，发现有 26.2%的老年人对居家护理服务有需求，但需求者中实际只有 2.8%的人使用过该服务。随着年龄的增加，老年人对居家护理服务的需求也随之上升，特别是那些 75 岁以上且无法照顾自己、患有慢性病、缺乏自理能力的老年人对居家护理服务的需求更大。①

与城市老年人相比，农村老年人缺乏正式的社会健康和照顾支持，社区照顾服务在农村地区的可得性和可及性更差（Otero A et al.，2003）。②农村的地理位置明显影响了正式照顾服务的覆盖范围、可得性及专业性（Wark S et al.，2015）。③ 在澳大利亚，人口老龄化伴随着文化多样化及人口分散化，在农村及边远地区更严重，对满足老年人的照顾需求构成了很大挑战。许多居家老年人的社区照顾需求不能得到满足，对老年人提供的支持实际上有 74%来自家庭的非正式照顾（Henderson E J et al.，2008）。④在日本农村地区，虽然护理人员的服务让老年人的生活方式发生改变，并降低了特殊老年人群的自杀率（Nagaya Y et al.，2014）。⑤ 但由于农村位置偏僻，路途遥远和出行成本高等原因，由专业护理人员提供社区的健康服务在日本农村面临一定困难（Fusho S et al.，2006）。⑥ 在日本北海道农村地区，健康服务设施、医疗服务、长期照顾服务者严重短缺。此外，还要面临诸如暴雪之类的天气问题，给老年人提供居家服务面临着很大挑战

---

① AYDIN R，UNAL E，GOKLER M E，et al. An evaluation of home health care needs and Quality of Life among the elderly in a semi-rural area of Western Turkey［J］. European Geriatric Medicine，2016，7（1）：8-12.

② OTERO A，DE YéBENES M J，RODRíGUEZ-LASO A，et al. Unmet home care needs among community-dwelling elderly people in Spain［J］. Aging Clinical and Experimental Research，2003，15（3）：234.

③ WARK S. Ageing，end-of-life care，and the National Disability Insurance Scheme：What can we learn from overseas［J］. Journal of Intellectual & Developmental Disability，2015，40（1）：92-98.

④ HENDERSON E J，CAPLAN G A. Home sweet home? Community care for older people in Australia［J］. Journal of the American Medical Directors Association，2008，9（2）：88-94.

⑤ NAGAYA Y，DAWSON A. Community-Based Care of the Elderly in Rural Japan：A Review of Nurse-Led Interventions and Experiences［J］. Journal of Community Health，2014，39（5）：1020-1028.

⑥ FUSHO S，MATSUYAMA Y，MORI H，et al. Role of Visit Nursing from the Hospital and Clinic in a Depopulated Area in A Prefecture［J］. Journal of Gifu College of Nursing，2006，6：43-50.

(Naomi A et al., 2012)。[①] 在爱尔兰，农村人口密度低，地理位置显得偏远妨碍了个人与社区的联系，农村老年人就地养老显得格外艰难。农村老年人面临诸如贫困、孤独、隔离等问题。随着越来越多的女性进入就业市场，年轻一代迁移，农村老年人的照顾资源日益减少，社区变得更加松散。这些都导致老年人对社区组织的需求增加。社区组织能通过提高社区能力照顾参与成员，并帮助成员适应社会环境的变化，提高其幸福感。71%的受访者认为参加社区组织后生活满意度提高，66%的受访者认为自我感觉变好，52%的受访者认为精神健康状况改善。可见，社区组织能支持老年人，特别是农村老年人的社区养老（Walsh K et al., 2008)。[②]

（四）“空巢”老年人对以社区照顾为依托的居家养老服务的需求

“空巢”老年人，无论是独居者还是与配偶一起生活者，都愿意居家养老。居家是老年人熟悉的生活环境和习惯的生活方式，更加方便和舒适。一些“空巢”老年人由于身体健康状况下降，难以自我照顾，从而对社会养老服务产生需求。特别是独自照顾患病配偶的老年人，力不从心、缺少安全感，因而希望得到社会的帮助。但受制于经济能力或担心养老机构的服务质量，大多数老年人不愿意接受机构照顾，希望社区能提供支持和服务，可以继续在家居住。因而，社区居家养老对“空巢”老年人是一个更好的选择，能帮助其实现就地养老的愿望（Liu J E et al., 2015)[③]。

家庭构成可反映老年人能得到的非正式照顾的多少，特别是个人护理方面的帮助。90%的老年人得到的个人护理帮助来自配偶及家庭其他成员，仅4%的老年人得到的个人护理帮助来自非家庭成员（家庭外的其他亲属、朋友或邻居)。这表明独居老年人较更难得到个人护理方面的非正式帮助，

---

① NAOMI A, SHIROIWA T, FUKUDA T, et al. Institutional care versus home care for the elderly in a rural area: cost comparison in rural Japan [J]. Rural & Remote Health, 2012, 12 (3): 1817.

② WALSH K, O'SHEA E. Responding to rural social care needs: older people empowering themselves, others and their community [J]. Health & Place, 2008, 14 (4): 795-805.

③ LIU J E, TIAN J Y, YUE P, et al. Living experience and care needs of Chinese empty-nest elderly people in urban communities in Beijing, China: A qualitative study [J]. International Journal of Nursing Sciences, 2015, 2 (1): 15-22.

而与家人住在一起的老年人更容易得到这些帮助（Pickard L et al.，2000）。[①] Liu L J 等（2014）研究了“空巢”老年人对居家护理的需求，发现与非“空巢”老年人相比，“空巢”老年人的慢性病更多，更加关注健康问题。同时，由于“空巢”老年人的社会支持少，其更担心无人照料以及无人协助就医，使得“空巢”老年人对居家护理服务有更高的需求。[②]Gao L等（2013）研究了“空巢”老年人对社区健康服务的需求及影响因素，发现与非“空巢”老年人相比，“空巢”老年人的身心健康状况更差，其对社区健康服务项目的需求比例为：常规健康检查 69.2%，上门医疗服务 59.1%，健康指导 60.9%，家庭病床 26.8%，康复保健服务 19.0%，其他 5.8%。不同年龄段的“空巢”老年人对社区健康服务的需求存在差别。80 岁及以上“空巢”老年人对上门医疗服务的需求最大，这与高龄老年人慢性病多且没有子女在身边有关；70~79 岁及 60~69 岁“空巢”老年人对康复保健服务和健康指导的需求最多。相对而言，低龄老年人一般文化程度更高、收入相对稳定、经济压力小，且有很强的健康意识，自我照顾能力更强。因此，在意识到“空巢”老年人对社区健康服务需求的同时，也应考虑不同年龄“空巢”老年人的多样化需求。[③] Aoun S M 等（2013）站在服务提供者的角度，研究了患有严重疾病的独居老年人对临终关怀的需求。在澳大利亚，独居老年人的数量及比例虽不断上升，却较少能得到非正式照顾者的照料支持。在满足无照料者的独居老年人的需求上，社区的临终关怀服务面临着很大的挑战。服务提供者认为独居老年人需要这些服务：24 小时的照料、临时看护、护理包、个人警报系统、家政服务、对非正式及正式照料者进行培训。[④]

---

① PICKARD L，WITTENBERG R，et al. Relying on informal care in the new century? Informal care for elderly people in England to 2031［J］. Ageing & Society，2000，20（6）：745-772.

② LIU L J，FU Y F，QU L，et al. Home health care needs and willingness to pay for home health care among the empty-nest elderly in Shanghai，China［J］. International Journal of Gerontology，2014，8（1）：31-36.

③ GAO L，CAO X，ZHANG M. The study on community health education of empty nest elderly［J］. Engineering，2013，5（10）：137-139.

④ AOUN S M，WALL D，KRISTJANSON L J，et al. Palliative care needs of terminally ill people living alone：A service provider perspective［J］. Collegian Journal of the Royal College of Nursing Australia，2013，20（3）：179-185.

值得注意的是，大量农村年轻人口的迁移让很多农村老年人成为“空巢”老年人。在阿尔巴尼亚，年轻人迁移，留下年老的父母独自在家。由于子女的外迁，一些老年人甚至连基本的物质条件都无法保障。有的老年人虽然能收到子女寄回的赡养费，物质生活水平较高，但由于缺乏照顾和亲情慰藉而导致孤单寂寞（Vullnetari J et al., 2008）。① 在中国，家庭仍然是农村老年人居家养老重要的支持资源，特别是 70 岁以上的农村老年人，家庭支持更为重要。但由于老年人和子女共同生活的比例下降，当老年人难以自我照顾时，就会陷入缺少家庭成员照顾的困境（Giles J et al., 2010）。② 很多中国农村“空巢”老年人，因受地理位置偏僻、务农以及子女外迁影响，收入低、社会支持少、生活态度不积极、感到孤独，进而引发抑郁症状（Xie L Q et al., 2010）。③ 在韩国农村，由于众多年轻人去城市工作，独居老年人急剧增加，与和家人一起居住的老年人相比，独居老年人更容易抑郁，身体健康状况更差，且对健康照顾服务有迫切需求（You K S et al., 2009）。④ Ahn Y H 等（2004）研究发现，韩国农村的独居老年人患有 1 种以上疾病的情况更多，行走能力、躯体功能往往受限，营养状况更差，且认知能力较低、抑郁水平高，其对健康照顾服务有很大的需求。躯体功能、营养状况及自评健康度是影响健康照顾服务需求的因素。表明独居老年人的需求具有多样性和复杂性，社区应提高为老年人提供综合服务的能力，以改善独居老年人的健康状况（Ahn YH et al., 2004）。⑤

---

① VULLNETARI J, KING R. “Does your granny eat grass?” On mass migration, care drain and the fate of older people in rural Albania [J]. Global Networks, 2008, 8 (2): 139-171.

② GILES J, WANG D W, ZHAO C B. Can China's rural elderly count on support from adult children? Implications of rural-to-urban migration [J]. Journal of Population Ageing, 2010, 3 (3): 183-204.

③ XIE L Q, ZHANG J P, PENG F, et al. Prevalence and related influencing factors of depressive symptoms for empty-nest elderly living in the rural area of YongZhou, China [J]. Archives of Gerontology and Geriatrics, 2010, 50 (1): 24-29.

④ YOU K S, LEE H O, FITZPATRICK J J, et al. Spirituality, depression, living alone, and perceived health among Korean older adults in the community [J]. Archives of Psychiatric Nursing, 2009, 23 (4): 309.

⑤ AHN Y H, KIM M J. Health care needs of elderly in a rural community in Korea [J]. Public Health Nursing, 2004, 21 (2): 153-161.

（五）女性老年人对以社区照顾为依托的居家养老服务的需求

在人口老龄化的过程中，女性老年人寿命更长，因丧偶而独居的概率更高，身体健康状况更差。更长的寿命，使女性老年人面临更大的失能风险（You K S et al.，2009）。① 对于女性老年人，得不到家庭照顾的比例比男性老年人更高，得不到非正式照料者照顾风险的女性老年人不断增加（Otero A et al.，2003；Hash K M et al.，2009）②,③。可见，由于寿命更长，女性老年人更容易面临人生的各种丧失，包括健康、家人及支持体系。因此，与男性老年人相比，女性老年人更易焦虑，更易变得抑郁（Victor J et al.，2007）。④ Lee S 等（2016）通过研究韩国 2054 名独居女性老年人发现，42.9%的独居女性老年人有抑郁症状，抑郁作为一种心理健康问题，在独居女性老年人中非常普遍。⑤

家庭结构和价值观念的变化减少了女性老年人的照料资源。在农村，女性老年人的照料资源更为稀少，自我照顾现象更为普遍。值得注意的是，自我照顾能力越强的农村女性老年人的幸福感越强。因此，通过社区的专业照顾者向其传授自我照顾的知识和技能，有助于增强女性老年人的幸福感（Wang H H et al.，2004）。⑥ 有的女性老年人虽然与已婚儿子居住在一起，却得不到任何照料，又受窘于与儿媳的不和谐，因而更倾向于选

---

① YOU K S，LEE H O，FITZPATRICK J J，et al. Spirituality，depression，living alone，and perceived health among Korean older adults in the community［J］. Archives of Psychiatric Nursing，2009，23（4）：309-322.

② OTERO A，dE YéBENES M J，RODRíGUEZ-LASO A，et al. Unmet home care needs among community-dwelling elderly people in Spain［J］. Aging Clinical and Experimental Research，2003，15（3）：234-242.

③ HASH K M，NETTING F E. It takes a community：Older lesbians meeting social and care needs［J］. Journal of Gay & Lesbian Social Services，2009，21（4）：326-342.

④ VICTOR J. Malatesta PhD. Introduction：The need to address older women's mental health issues［J］. Journal of Women & Aging，2007，19（1-2）：1-12.

⑤ LEE S，HONG G R. Predictors of depression among community-dwelling older women living alone in Korea［J］. Archives of Psychiatric Nursing，2016，30（5）：513-520.

⑥ WANG H H，SHIESH C，WANG R H. Self-care and well-being model for elderly women：A comparison of rural and urban areas［J］. Kaohsiung Journal of Medical Sciences，2004，20（2）：63-69.

择社区护理服务，不愿意让家人照料（Nagaya Y et al.，2014）。[①] 很多女性老年人还要照顾子女、父母、丈夫及孙子女，认为照顾家人是其应尽的家庭义务，对于是否应该向子女寻求照顾或支持很犹豫。因为怕给子女增加负担，一方面女性老年人因迁移无法照顾自己的父母，另一方面又不指望受自己的子女照顾。可见，很多女性老年人意识到了家庭关系及义务的变化。虽然很多女性老年人希望得到家人的照顾，但大多数女性老年人知道难以实现。因此，很多女性老年人必须依靠专业人员的照顾。对于许多女性老年人，最重要的是身体的护理及日常生活照顾。洗澡、穿衣、做饭、日常活动对生活质量至关重要，自我照顾能力的下降且需要依赖他人（特别是非家庭成员）的护理让女性老年人感到失去尊严。因此，当女性老年人需要专业照顾者的帮助时，专业照顾者不仅应有照顾的专业技能，还要有同理心。也就是说，女性老年人不仅需要身体方面的护理及帮助，还需要心理慰藉，照顾者发自内心的照顾是让其感到拥有尊严的关键（Saltus R et al.，2015）。[②]

三、国内外研究简要述评

通过国内外社区居家养老服务需求的文献综述，笔者得到以下认识：①国内关于社区居家养老服务需求的研究主要集中于城市老年人，对农村老年人涉及较少。一是因为我国社区居家养老服务兴起较晚；二是因为我国城乡差异不仅导致老年人经济保障的城乡二元化，还导致老年人服务保障的城乡二元化，农村老年人的养老保障制度建设滞后于城市。②关于社区居家养老服务需求区域差异化的研究不多，大多数是关于城市和农村老年人社区居家养老服务需求的差异研究，基于农村地理位置差异研究社区居家养老服务差异性的文献非常少。③在社区居家养老服务需求群体差异研究方面，对“空巢”老年人与非“空巢”老年人社区居家养老服务需求

① NAGAYA Y，DAWSON A. Community-based care of the elderly in rural Japan：a review of nurse-led interventions and experiences［J］. Journal of Community Health，2014，39（5）：1020-1028.

② SALTUS R，PITHARA C. “Care from the heart”：Older minoritised women's perceptions of dignity in care［J］. International Journal of Migration，Health and Social Care，2015，11（1）：57-70.

差异的研究较多，对女性老年人特别是农村女性老年人社区居家养老服务需求的研究比较少。

发达国家由于社区照顾理念兴起较早，关于社区居家养老服务需求的研究也相对更丰富，具体情况：①国外的研究更加注重老年人在精神服务方面的需求，注重对需求的评估。②发达国家不像我国存在明显的城乡分化，故对农村老年人社区居家养老服务需求的研究不多。但仍有一些研究指出农村因地理位置偏远，养老服务的提供遭受极大挑战。③“空巢”老年人在发达国家比例较高，且大多数老年人是自愿“空巢”，许多文献研究了“空巢”老年人与非“空巢”老年人在社区居家养老服务需求上的差异，而且更注重对“空巢”老年人特殊养老服务需求的研究，如临终关怀、个人警报系统等。④很多研究关注女性老年人自我照顾能力和心理健康对社区居家养老服务需求的影响。⑤强调正式资源和非正式资源的结合，关于老年人的照顾者对社区居家养老服务需求的研究非常多。

综合上述，本书借鉴相关文献的方法及理念，结合调研获得的第一手数据，对我国农村老年人社区居家养老服务的需求进行研究。重点针对区域差异化和群体差异化来研究农村老年人的社区居家养老服务需求，在此基础上梳理构建农村社区居家养老服务体系的思路。

第三节　研究框架与研究方法

一、研究框架

本书围绕三条主线展开：一是从整体上研究农村老年人社区居家养老服务需求及影响因素；二是基于区域差异研究近郊、远郊农村老年人社区居家养老服务需求；三是基于群体差异研究农村“空巢”老年人及女性老年人社区居家养老服务需求。在上述研究结论的基础上，提出发展农村社区居家养老服务的政策建议。整体研究框架如图 1-1 所示。

首先，本书对社区居家养老服务需求方面的文献进行了梳理。对相关概念进行了界定，并依据需求理论、社会支持理论、区域经济非均衡理论及增权理论，构建农村社区居家养老服务需求研究的理论框架。

其次，本书介绍了武陵山区恩施市的概况以及开展社区居家养老服务的现实背景。在此基础上，运用实地调研数据对农村社区居家养老服务需求进行了实证分析，包括农村老年人社区居家养老服务需求的特征及影响因素分析，农村老年人社区居家养老服务需求的区域差异分析，以及农村老年人社区居家养老服务需求的群体差异分析。

最后，本书基于区域差异和群体差异对农村社区居家养老服务的开展提出了政策建议，并指出研究不足及展望。

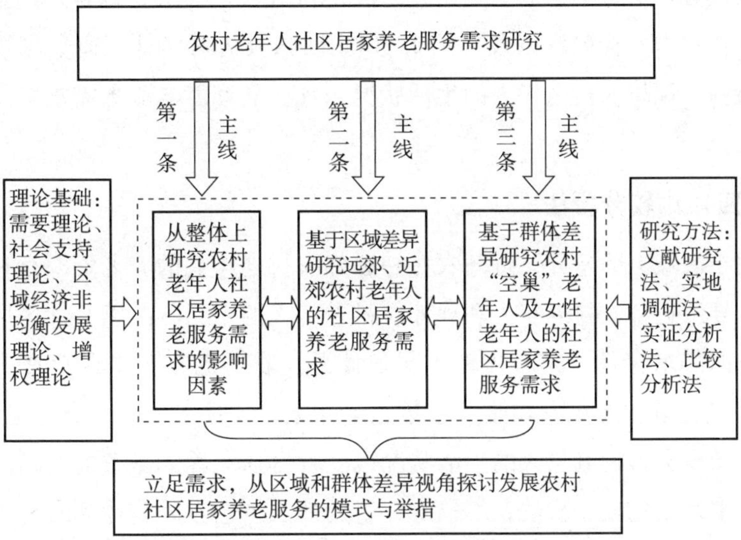

图 1-1 本书研究框架

二、研究方法

（一）文献研究法

对相关文献进行检索和研读，在综合梳理现有研究成果的基础上，总结现有研究的成果及不足，从而为本书提供借鉴和研究依据，并为农村社区居家养老服务需求的研究寻找新的切入点。

（二）实地调研法

通过问卷调查对农村老年人进行实地调研，以掌握农村老年人社区居家养老服务需求的第一手资料。调研于2016年6月至8月进行，地点为恩施市的城区农村、龙凤镇、白杨坪镇、沙地乡、新塘乡以及红土乡。总计发放问卷900份，回收786份，有效问卷720份。调查对象为60岁及以上农村老年人，调查内容涉及老年人的个体基本特征、社会经济特征、家庭特征以及对社区居家养老各服务项目的需求情况等。

（三）实证分析法

实证分析法是本书的主要研究方法，利用SPSS19.0，综合运用描述性交叉分析、卡方检验，以及二项Logistic回归分析对实地调研数据进行分析与检验，探析农村老年人的生活状况、社区居家养老服务需求以及影响因素。

（四）比较分析法

由于区域上的差异，近郊农村和远郊农村老年人的养老资源存在一定差异，导致近郊农村老年人和远郊农村老年人的生活状况以及社区居家养老服务的需求存在一定程度的差异。此外，农村老年人中还存在群体差异，如“空巢”老年人和非“空巢”老年人，女性老年人和男性老年人，这些差异也会影响老年人的生活状况以及社区居家养老服务的需求。基于此，本书运用比较分析法，不仅研究了近郊农村老年人和远郊农村老年人社区居家养老服务需求的差异，还探析了农村“空巢”老年人和农村女性老年人社区居家养老服务的需求。

第四节　主要创新点

第一，研究视角创新。本书从区域差异及群体差异的视角切入，对我国农村老年人社区居家养老服务的需求展开理论、实证研究。首先，从区域差异的角度展开研究。我国幅员辽阔，即便在同一地区，区域差异也会较大。尤其在山区，受地形影响，农村的区域差异更为明显。例如，与中心城市不同距离的农村，受中心城市辐射的影响有很大不同，从而导致经济发展水平、基础设施建设、人口老龄化态势、乡土文化保留等方面均存在较大区别。这些差异不仅影响农村老年人社区居家养老服务需求，还会影响社区居家养老服务的开展。在存在区域差异的客观条件下，农村社区居家养老服务的开展必须因地制宜，分步分类进行。其次，从群体差异的视角展开研究。在我国农村，有两大类老年群体需要关注：一是“空巢”老年人，二是女性老年人。农村劳动力的外流导致“空巢”老年人数量增加，传统的家庭养老因子女的远离而日渐式微，更需要社区居家养老服务来弥补家庭养老功能的外溢。此外，农村女性老年人长期受性别和城乡差异双重影响，其养老面临更多的不确定性，社区居家养老服务的提供也需要对其有所侧重。

第二，研究方法创新。首先，本书实证分析所用数据均基于实地调研。第一手数据更精准地反映了农村老年人的生活状况以及社区居家养老服务的需求情况。其次，本书将比较分析贯穿其中。在比较农村老年人社区居家养老服务需求的区域差异时，根据农村距离中心城市的远近，分为近郊农村和远郊农村。不仅就近郊、远郊农村老年人的家庭养老资源以及社区居家养老服务需求进行对比分析，还就家庭养老资源对农村老年人社区居家养老服务需求的影响程度进行对比分析，以此为农村不同区域因地制宜开展社区居家养老服务提供实证依据。在比较农村老年人社区居家养老服务需求的群体差异时，针对农村“空巢”老年人与非“空巢”老年人，在对比各自的生活状况以及社区居家养老服务需求基础上，分析了“空巢”原因、健康状况对农村老年人社区居家养老服务需求的影响。针对农村女性老年人与男性老年人，在对比各自的生活状况以及社区居家养老服务需求的基础上，分析了经济状况影响农村老年人社区居家养老服务需求的性别差异。通过比较分析，为农村社区居家养老服务如何对农村“空巢”老年人、农村女性老年人等群体有所侧重提供了依据与思路。

第三，对策建议。针对当前我国农村社会养老服务水平总体较低，社区居家养老服务需求具有明显的区域、群体差异等问题，按照可持续、求同存异的原则，提出分区域、分步骤发展农村社区居家养老服务的总体思路。例如，根据近郊农村和远郊农村的区域差异，建议构建不同的养老服务模式。近郊农村建立社区居家养老服务中心，发挥示范作用。远郊农村则建立互助养老服务中心，发挥过渡作用。同时，为有效供给适应农村老年人差异化的社区居家养老服务，建议根据老年人需求程度进行服务供给，引导社会资源介入多样化养老服务提供，以及通过信息化架设老年人与养老服务机构之间的桥梁等。

第二章

相关概念的界定与理论基础

第一节　相关概念的界定

一、居家养老及居家养老服务

（一）居家养老

从居住方式来看，居家养老以家庭为主要生活场所，强调晚年在家里度过（赵立新，2009）。[①] 居家养老是指老年人分散居住在自己的家里，而不是集中居住在养老机构里养老（郭竞成，2010）。[②]

从责任主体看，居家养老的责任主体包括家庭、社会与政府（丁建定，2013）。[③] 居家养老是老年人在家居住，不以政府和社会力量提供养老服务的社会化养老方式（钱亚仙，2014）。[④] 居家养老将社会化养老服务引入家庭，是对传统家庭养老模式的补充与创新（苏振芳，2014）。[⑤]

从依托主体看，社区是居家养老的重要载体。这种养老方式主要利用社区资源开展养老照顾，让老年人继续在熟悉的环境里生活（赵立新，2009）。[⑥] 居家养老是指老年人以家庭为基本生活场所，养老服务主要由社区指定人员提供的一种社会化养老方式（赵曼等，2010）。[⑦]

---

① 赵立新．社区服务型居家养老的社会支持系统研究［J］．人口学刊，2009（6）：41-46.

② 郭竞成．居家养老模式的国际比较与借鉴［J］．社会保障研究，2010（1）：29-39.

③ 丁建定．居家养老服务：认识误区、理性原则及完善对策［J］．中国人民大学学报，2013（2）：20-26.

④ 钱亚仙．老龄化背景下的社会养老服务体系研究［J］．理论探讨，2014（1）：162-165.

⑤ 苏振芳．人口老龄化与养老模式［M］．北京：社会科学文献出版社，2014：63-65.

⑥ 赵立新．社区服务型居家养老的社会支持系统研究［J］．人口学刊，2009（6）：41-46.

⑦ 赵曼，吕国营．城乡养老保障模式比较研究［M］．北京：中国劳动社会保障出版社，2010：33-34.

（二）居家养老服务

居家养老不提供经济保障，仅解决服务问题，旨在提供经济保障以外的其他大部分服务，即居家养老服务（汪忠杰等，2014）。①

居家养老服务是指社会为居住在家的老年人提供解决日常生活困难的一种服务形式。居家养老服务有狭义和广义之分。从服务形式看，狭义的居家养老服务仅指上门入户服务；广义的居家养老服务不仅包括上门入户服务，还包括户外服务。从服务内容看，狭义的居家养老服务包括为老年人提供生活照料、家政服务、康复护理及精神慰藉等综合服务；广义的居家养老服务应包括衣食住行、医疗保健、学习教育、健身娱乐、情感慰藉、法律咨询、生活援助、参与社会等内容（陈友华，2012）。②

二、社区养老及社区养老服务

（一）社区养老

社区养老是指通过集中居住和社会化管理由社区向区域内符合条件的老年人提供日常照顾的养老方式（赵立新，2006）。③ 社区养老能为居家养老提供必要的依托和辅助，以改善提升居家养老的质量（丁建定，2013）。④

（二）社区养老服务

曾昱（2006）认为社区养老服务是在政府的宏观指导和政策支持下，以社区为依托，发动各企事业单位、社会团体和个人积极介入，充分利用社区现有的各种资源，满足老年人的多种需求。⑤ 孙宏伟等（2013）认为

① 汪忠杰，何珊珊．社区居家养老服务模式探析：以武汉市为例［J］．武汉大学学报（哲学社会科学版），2014（4）：124-128.

② 陈友华．居家养老及其相关的几个问题［J］．人口学刊，2012（4）：51-59.

③ 赵立新．社区服务型居家养老：当前我国农村养老的理性选择［J］．广西社会科学，2006（12）：139-143.

④ 丁建定．居家养老服务：认识误区、理性原则及完善对策［J］．中国人民大学学报，2013（2）：20-26.

⑤ 曾昱．社区养老服务：中国城市养老服务保障的新选择［J］．天府新论，2006（4）：104-107.

社区养老服务是指依托社区向老年人提供综合性服务，并对社区提供的养老服务实行规范化和标准化管理。[①] 景天魁（2015）提出了社区综合养老服务体系的概念，即以社区养老机构为支撑点，将辖区内的家庭养老、居家养老与机构养老等形式整合到社区平台，为老年人提供家政服务、生活照料、文化娱乐、精神慰藉、心理健康等综合养老服务。[②]

三、社区居家养老及社区居家养老服务

（一）社区居家养老

从居家养老和社区养老的概念可以看出，居家养老不同于传统家庭养老，老人虽然以家庭为居住地点，但养老服务主要依托于社区，由社会力量提供。居家养老更多依赖于社区服务，二者联系密切，进而形成了社区居家养老这种养老模式（张艳，2010）。[③]

社区居家养老是在社区建立一个社会化的养老服务体系，以家庭为核心、以社区为依托、以专业化服务机构为载体，利用各种资源，对愿意居家养老或无能力入住养老院的老年人提供养老服务，满足老年人的养老需求（钱宁，2015）。[④]

（二）社区居家养老服务

根据接受服务的地点不同，社区居家养老服务可分为居家照护和社区照护，其中照护涵盖“照料”与“护理”。居家照护是指老年人在家中居住，由社区相关组织上门为老年人服务，服务内容包含生活照护、家政服务、康复护理、精神慰藉等，适合于身体状况不便外出的老年人；社区照护是一种运用社区资源开展的介于居家照护和机构养老之间的老年人社区养老照护方式，社区的居家养老服务中心、日间照护机构、喘息（暂托）

---

① 孙宏伟，孙睿．我国社会养老服务体系建设的政策选择［J］．东北大学学报（社会科学版），2013（4）：398-402.

② 景天魁．创建和发展社区综合养老服务体系［J］．苏州大学学报（哲学社会科学版），2015（1）：29-33.

③ 张艳．快速老龄化背景下苏州市社区养老服务体系建设研究：以沧浪区“邻里情”虚拟养老院为例［J］．社会保障研究，2010（5）：30-35.

④ 钱宁．中国社区居家养老的政策分析［J］．学海，2015（1）：94-100.

服务等均为社区照护（王德文等，2013）。①

从以上可以看出，居家养老与社区养老相互交织，且社区是养老服务开展的重要载体，故本书采用社区居家养老这一概念，由社区提供的居家养老服务为社区居家养老服务。

四、近郊农村与远郊农村

（一）近郊农村

农村与城市有远近之别，就有了近郊农村和远郊农村之分（李忠桥，2014）。② 近郊农村是相对偏远农村而言的，主要指城郊村和城乡接合部（江立华等，2015）。③ 城乡接合部是从传统城郊村落转化而来的（田毅鹏等，2014）。④ 近郊农村受城乡经济、社会、文化等多种要素相互作用和渗透的影响，是既不同于城市也不同于一般农村的中间地带（蒲实等，2011）。⑤

（二）远郊农村

相对于近郊农村，远郊农村是指距离中心城市较远，位于城镇的边缘地带，交通基础设施落后的行政村（刘岩，2015）。⑥ 中心城市周边的农村城市化或半城市化，远离中心城市的远郊农村难以城市化（李忠桥，2014）。⑦

---

① 王德文．社区老年人口养老照护现状与发展对策［M］．厦门：厦门大学出版社，2013：118-119.

② 李忠桥．浅谈城市近郊和远郊农村在统筹城乡过程中的功能定位［J］．中共太原市委党校学报，2014（6）：36-38.

③ 江立华，谷玉良．近郊农村居民户籍制度改革与市民化路径探索［J］．学习与实践，2015（1）：85-93.

④ 田毅鹏，齐苗苗．城乡接合部“社会样态”的再探讨［J］．山东社会科学，2014（6）：30-35.

⑤ 蒲实，廖祖君．高度关注城市近郊农村社会管理面临的难题［J］．农村经济，2011（7）：11-13.

⑥ 刘岩．远郊农村空巢化给基层党建工作带来的困境思考：以甘肃省张掖市高台县M村为例［J］．发展，2015（7）：89-90.

⑦ 李忠桥．浅谈城市近郊和远郊农村在统筹城乡过程中的功能定位［J］．中共太原市委党校学报，2014（6）：36-38.

相对来说，距离城市越近的农村，受城市的辐射影响越大，经济发展水平和城镇化水平较高。因此，本书将距离市中心近、受城市辐射影响大的农村称为近郊农村，将距离市中心远、受城市辐射影响小的农村称为远郊农村。

五、“空巢”家庭及“空巢”老年人

（一）“空巢”家庭

目前，关于“空巢”家庭，一种概念是基于家庭生命周期理论来界定的。家庭生命周期理论最早由美国学者 P. C. 格里克于 1947 年从人口学角度提出，分家庭的形成、扩展、稳定、收缩、“空巢”与解体六个阶段。到了“空巢”阶段，家庭代际关系发生重要变化，父母和子女开始分离（穆光宗，2002）。[①] 肖汉仕（1995）认为“空巢”家庭是指有子女的家庭，子女长大成人后另立门户，老年人独自居住的家庭。[②] 陈晓敏等（2004）认为“空巢”家庭是核心家庭的一种，是“鸟儿长大，离巢飞去”，只剩下父母留守“空巢”的家庭。[③] 李建新等（2012）认为“空巢”家庭是指子女长大成人后从父母家庭中分离出去，只剩下老年人独自生活的家庭。[④] 在现实生活中，存在许多不符合上述定义的“空巢”家庭，即没有发生子女离“巢”行为的无子嗣的老年人（王银秀，2005）。[⑤] 另一种概念则将无子女（包括子女死亡）的情况包括在内，“空巢”家庭是指无子女或者虽有子女，但子女长大后离开父母，剩下老人独自居住的家庭（黄润龙，2005）。[⑥] 有学者将基于家庭生命周期理论定义的“空巢”家庭称为狭义的“空巢”家庭，而将无子女（包括子女死亡）家庭也包括在内的“空巢”家庭称为广义的“空巢”家庭（李建新等，2014）。[⑦] 此外，

---

① 穆光宗．家庭空巢化过程中的养老问题［J］．南方人口，2002（1）：33-36.

② 肖汉仕．我国家庭空巢现象的成因及发展趋势［J］．人口研究，1995（5）：13-16.

③ 陈晓敏，杨柳．现代化进程中的空巢家庭［J］．中华女子学院学报，2004（1）：35-38.

④ 李建新，李嘉羽．城市空巢老人生活质量研究［J］．人口学刊，2012（3）：31-41.

⑤ 王银秀．关注农村“空巢”家庭的养老问题［J］．中国人口科学，2005（S1）：160-164.

⑥ 黄润龙．我国空巢老人家庭状态［J］．人口与经济，2005（2）：57-62.

⑦ 李建新，冯莹莹，杨鹏．农村空巢老人生活质量研究［J］．老龄科学研究，2014（5）：3-13.

有学者提出隔代“空巢”家庭的概念，即老年人和未成年孙子女共同生活的祖孙隔代家庭，这种情况在农村尤为多见（周长洪等，2011）。[①]

（二）“空巢”老年人

生活在“空巢”家庭的老年人即为“空巢”老年人。根据不同的分类标准，可将“空巢”老年人分为不同种类。根据“空巢”家庭老年人的人数，可将“空巢”老年人分为单身“空巢”老年人和配偶“空巢”老年人（李瑞芬等，2006）；[②] 根据子女与父母居住的远近，可将“空巢”老年人分为相对“空巢”老年人（和子女在同一个城市，但不同住）和绝对“空巢”老年人（子女在国外或国内的另一个城市）（王玲凤，2009）；[③] 根据老年人的“空巢”意愿，可将“空巢”老年人分为主动“空巢”老年人（即老年人自愿选择不和子女共同居住）、被动“空巢”老年人（由于某些原因不能与子女共同居住的老年人）（李安彬等，2007）。[④]

本书所指的“空巢”老年人既包括有子女但不和子女共同居住的老年人，也包括没有子女（包括子女死亡）的老年人，以及仅和未成年孙辈居住的老年人。

六、需要及需求

在经济和管理类学科中，需要及需求两个概念是必须区分的（黄顺春，2005）。[⑤] 通常认为，需要是一个心理学概念，需求则是一个经济学概念。从心理学角度看，需要是指个体对内外环境的客观需要（包括人体的生理需要和社会需要），表现为个体的主观状态和个体倾向性（国家应对人口老龄化战略研究，2014）。[⑥]

---

① 周长洪，刘颂，毛京沭，等．农村独生子女老年父母家庭结构与空巢特征：基于全国 5 区县调查［J］．人口与经济，2011（2）：7-12.

② 李瑞芬，蒋宗凤．空巢家庭问题探析［J］．北京教育学院学报，2006（3）：40-43.

③ 王玲凤．城市空巢老人心理健康状况的调查［J］．中国老年学，2009（22）：2932-2935.

④ 李安彬，严建雯，陈传锋．空巢家庭老年人的心理问题与社会支持［J］．海南师范大学学报（社会科学版），2007（6）：160-163.

⑤ 黄顺春．需要与需求辨析［J］．全国商情·经济理论研究，2005（8）：42-43.

⑥ 国家应对人口老龄化战略研究．中国城乡老年人基本状况问题与对策研究［M］．北京：华龄出版社，2014：38-39.

需求则指在具体的时间、条件、环境约束下，需要的特定体现。不仅关注“要”，还强调与“要”相关的各方面，即需要是需求的基础，需求是需要的具体体现（伊文斌等，2005）。[①] 需求作为一个经济学概念，是指在既定的价格水平下，消费者愿意而且能够购买的某种商品或服务的数量（曼昆，2009）。[②]

可见，需要主要强调的是个体的主观偏好及利益诉求，而需求则主要强调个体采取行动后得到满足的需要。经济学家关注的主要是需求，而需要作为一个社会福利概念也得到越来越多的关注。对于社会政策而言，识别真正的需要而不是考虑支付能力是公共服务的特点（中国城乡老年人基本状况问题与对策研究课题组，2014）。[③] Conner R F（1985）指出，在公共政策的制定过程中，对需要的评估很重要，需要既代表了服务对象的利益诉求及偏好，也是服务对象消费服务的动机。[④]

在汉语的日常语境中，需要和需求并没有严格的区分，往往将二者视为可以相互替代的概念。例如，在国外研究养老服务的文献中，大多使用需要（need），而在我国关于养老服务的研究文献中，通常使用需求（demand），但实际涉及的却是调查对象对养老模式或服务项目的主观意愿或偏好。有学者做了进一步解释，如田北海等（2014）在其论文中指出，社会养老服务的需求属于感觉性需求的范畴，指的是当调查对象被问及是否需要社会养老服务时产生的感受。[⑤]

鉴于此，本书实际研究的虽然是农村老年人社区居家养老服务的需要，但仍使用需求，即本书的需求仅是需求意愿，是被调查老年人对社区居家养老服务的主观意愿或偏好。

---

① 伊文斌，邓志娟．需求与需要辨析［J］．管理观察，2005（10）：17-18.

② 曼昆．经济学原理，微观经济学分册［M］．5版．北京：北京大学出版社，2009：73.

③ 国家应对人口老龄化战略研究．中国城乡老年人基本状况问题与对策研究［M］．北京：华龄出版社，2014：38-39.

④ CONNER R F，JACOBI M，ALTMAN D G，et al. Measuring need and demands in evaluation research［J］. Evaluation Review：A Journal of Applied Social Research，1985，9（6）：717-734.

⑤ 田北海，王彩云．城乡老年人社会养老服务需求特征及其影响因素：基于对家庭养老替代机制的分析［J］．中国农村观察，2014（4）：2-17.

第二节　理论基础

一、需要理论

（一）马克思主义的需要观

马克思主义认为需要是人的本质属性，人和动物的本质区别在于需要和需要满足的方式不同，动物的需要仅仅是一种简单的、肉体上或生理上的需要，而人类的需要则是包括生理需要在内的，更为复杂的社会需要，人类能通过生产满足需要。人的需要是多方面、多层次的，包括生活资料的需要、享受资料的需要、发展资料的需要。

（1）生活资料的需要，即生存需要，指人为了生存和延续后代而需要满足吃、穿、住、用、行的物质生活资料需要，这是人类最基本、最低层次的需要。

（2）享受资料的需要，指人为保持身心健康所需要的物质资料与劳务（如医疗、卫生、体育、文化艺术、休假、旅游等物质资料与服务）。

（3）发展资料的需要，指人为了逐步摆脱旧式分工的束缚和影响，使自己的体力和智力获得充分、自由的发展和运用所需要的物质资料（如教育、科研设施、培训机构、图书馆、书籍、报刊以及为保证人们正常生产和自由发展的保险保障等）。

人的需要呈现一个由低层次向高层次发展的过程，且人的需要是人们相互提供满足的，即需要具有社会性，只有通过社会过程，人的需要满足才能真正实现（邓大松等，2007）。[①]

（二）马斯洛的需要层次理论

需要层次理论由美国心理学家马斯洛在其 1943 年发表的《人类动机

---

① 邓大松，林毓铭，谢圣远．社会保障理论与实践发展研究［M］．北京：人民出版社，2007：85-89.

的理论》一书中提出。该理论把人的需要分为五个层次，由低到高依次为生理需要、安全需要、归属和爱的需要、尊重需要、自我实现的需要。

（1）生理需要：这是人类最原始、最基本的需要。包括衣、食、住、行等方面的需要，用以维持自身的生存。生理需要在所有需要中占绝对优势，如果一个人所有的需要都没有得到满足，那么生理需要是他的主要动机，其他需要会退居其后。

（2）安全需要：当生理需要相对充分地得到满足后，就会出现安全类型的需要（安全，稳定，依赖，保护，免受恐吓、焦躁和混乱的折磨，对体制的需要、对秩序的需要、对法律的需要以及对保护者实力的要求等）。

（3）归属和爱的需要：也称为社交需要，如果生理需要和安全需要都得到了满足，则对归属和爱的需要就会产生。对爱的需要包括感情的付出和接受，对归属的需要是指人需要结群、加入集体，相互关心和爱护。

（4）自尊需要，即一种对于自尊、自重和来自他人的尊重的需要，希望获得稳定的、牢固的、较高的评价。自尊的需要可以分为两类：一是对实力、成就、权能、优势、胜任以及面对世界时的自信、独立和自由等的需要。二是对名誉或威信（来自他人对自己的尊敬或尊重）的欲望，对地位、声望、荣誉、支配、公认、注意、重要性、高贵或赞赏等的欲望。自尊需要的满足会产生自信，使人觉得自己是有价值的、有能力的。

（5）自我实现的需要，即人对于自我发挥和自我完成的欲望，是一种使人的潜能得以实现的倾向。自我实现的需要通常依赖于生理、安全、归属和爱、尊重需要的满足。

以上五种需要如同阶梯一样从低到高逐渐上升，只有低层的需要得到满足后，才会有新的（更高的）需要产生。在多种需要并存的情况下，总有一种需要是最迫切的。只有该需要满足后，后面的需要才会发挥激励作用。需要有高低之分，低层次需要包括生理需要、安全需要、归属和爱的需要，高层次需要包括尊重需要和自我实现的需要。高层次需要的满足能引起内心幸福感、宁静感及丰富感，但高级需要的满足需要更多的条件

（亚伯拉罕·马斯洛，2007）。①

（三）老年人的需要

穆光宗（2002）认为老年人的需要既有基本的生存需要，也有高级的发展需要。老年人的需要具有层次性，包括以下5个层面。

（1）生存需要，即老有所养、老有所助、老有所医，这种需要一般需要通过来自家庭成员、亲属网络和社会组织在经济、事务和服务方面的资助获得满足。

（2）感情需要，即老有所爱、老有所伴，这种需要一般只能通过子女的孝敬、配偶的关爱或亲属的关怀获得满足。

（3）发展需要，即老有所乐、老有所亲、老有所学和老有所美，这种需要一般要通过人际交往和知识追求来实现。

（4）价值需要，即老有所为、老有所用和老有所成，这种需要一般通过参与家务劳动、社会公益活动或其他经济活动获得满足。这种需要体现了老年人对人生境界、人格尊严和自我价值的最高追求。

（5）归宿需要，即老有善终，这种需要透露了老年人最后的心愿、追求和境界（穆光宗，2002）。②

在农村发展社区居家养老，必须先了解老年人有哪些需求，应着重满足广大农村老年人最迫切的需求。此外，应了解影响农村老年人社区居家养老服务需求的主要因素，让社区居家养老服务的提供不仅具有多样性，还具有针对性，以更好地满足老年人的需求，提高老年人的生活质量。

二、社会支持理论

社会支持概念起源于20世纪60年代，主要用于精神疾病以及医疗康复领域，至20世纪70年代，社会支持在西方作为科学研究对象和专业概念被提出，成为社会学的重要研究领域。Lin N等（1999）认为社会支持是个体处于危机时得到的来源于他人、群体、社区等提供的实质性支持和

---

① 马斯洛．动机与人格［M］．许金声，译．3版．北京：中国人民大学出版社，2007：19-30.

② 穆光宗．家庭养老制度的传统与变革［M］．北京：华龄出版社，2002：18-21.

情感性支持。[①] 实质性支持是指通过人际关系达到某种目标，情感性支持则主要是指情绪的发泄、尊严和价值的肯定等（行红芳，2006）。[②] 我国 20 世纪 90 年代才开始出现对社会支持方面的研究，阮丹青等（1990）认为社会网是由一些个体间的社会关系构成的相对稳定体系。[③] 张文宏等（1999）认为个人的社会支持网在规范个人的态度和行为时发挥着重要的作用，社会支持指人们从社会中得到的、来自他人的各种帮助。[④] 李强（1998）认为社会支持为一个人通过社会联系获得的能减轻应激反应、缓解精神紧张状态、提高社会适应能力的影响。其中，社会联系是指来自家庭成员、亲友、同事、团体、组织和社区的精神和物质上的支持和帮助。[⑤] 贺寨平（2001）认为社会支持网是指个人能获得的各种资源支持的社会网络，可以解决个人日常生活中的问题及危机，维持正常的生活。[⑥] 陈立新等（2005）认为社会支持是一种人际交往系统。从功能上看，社会支持是个人从其所拥有的社会关系中获得的物质及精神支持；从操作来看，社会支持是个人所拥有的社会关系的量化表征。[⑦]

按获得渠道分，社会支持可分为正式社会支持和非正式社会支持。正式社会支持的主体是各级政府、机构、企业、社区等正式组织，提供诸如社会保障制度、医疗保障制度、助老敬老政策等支持；非正式社会支持的主体是家庭成员、邻里、朋友、同龄群等，提供情感、行为和信息支持等（陶裕春等，2014）。[⑧] 按支持内容分，社会支持分为经济支持、生活照料支持和精神支持（李芳，2012）。[⑨]

---

① LIN N，YE X，ENSEL W M. Social support and depressed mood：A structural analysis［J］. Journal of Health & Social Behavior，1999，40（4）：344-359.

② 行红芳．老年人的社会支持系统与需求满足［J］. 中州学刊，2006（3）：120-123.

③ 阮丹青，周路，布劳，等．天津城市居民社会网初析：兼与美国社会网比较［J］. 中国社会科学，1990（2）：157-176.

④ 张文宏，阮丹青．城乡居民的社会支持网［J］. 社会学研究，1999（3）：14-19.

⑤ 李强．社会支持与个体心理健康［J］. 天津社会科学，1998（1）：66-69.

⑥ 贺寨平．国外社会支持网研究综述［J］. 国外社会科学，2001（1）：79-85.

⑦ 陈立新，姚远．社会支持对老年人心理健康影响的研究［J］. 人口研究，2005（4）：73-78.

⑧ 陶裕春，申昱．社会支持对农村老年人身心健康的影响［J］. 人口与经济，2014（3）：3-14.

⑨ 李芳．老年人精神需求及其社会支持网的构建［J］. 学术交流，2012（8）：116-119.

家庭是我国老年人获得社会支持的主要来源，家庭的支持对农村老年人尤为重要。无论是物质上的还是精神上的，实际得到的或是期待得到的，来自家庭成员的支持对于老年人来说都是最核心、最重要的社会支持（曾毅，2010）。[①] 一直以来，子女是给予我国农村老年人社会支持的核心主体。但受人口政策、经济变迁等因素的影响，农村老年人获得传统的家庭支持逐渐减少（郝晓宁等，2012）。[②] 农村“空心化”导致“空巢”老年人越来越多，农村“空巢”老年人获得家庭的支持逐渐减少。社会、社区以及其他社会组织对老年人的支持成为保证和提升“空巢”老年人生活质量的重要途径（李建新等，2014）。[③] 此外，农村女性老年人是一个不容忽视的群体。长期以来受制于正式社会支持的严重短缺，农村女性老年人不得不依赖家庭及其子女，这让其晚年更容易陷入不确定、无尊严的状态中（张义祯，2010）。[④]

在以家庭为主的非正式社会支持日渐式微的情况下，农村老年人的生活照料、情感慰藉等问题日益严重。即便如此，绝大多数农村老年人还是愿意居家养老。在本次调查的农村老年人中，愿意居家养老者的比例高达91.8%，愿意去养老院、敬老院养老者的比例为2.7%，愿意跟随子女去外地养老者的比例为1.3%，表示无所谓者的比例为4.3%。为此，应发挥社区居家养老这种正式社会支持的作用，以弥补农村老年人非正式社会支持的减少。在为农村老年人提供基本生活照料服务的同时，给予其医疗保健服务及精神慰藉服务，满足其就地养老的心愿，提高农村老年人晚年生活质量。

三、区域经济非均衡发展理论

区域经济非均衡发展理论基于“合理配置资源”视角，指出地区之间

① 曾毅．老年人口家庭、健康与照料需求成本研究［M］．北京：科学出版社，2010：139-151.

② 郝晓宁，薄涛．我国城市老年人口的社会网络及社区养老分析：基于北京市的抽样调查［J］．中国卫生政策研究，2012（2）：17-23.

③ 李建新，冯莹莹，杨鹏．农村空巢老年人生活质量研究［J］．老龄科学研究，2014（5）：3-13.

④ 张义祯．农村老年妇女社会支持状况实证研究：以福建省为例［J］．中共福建省委党校学报，2010（8）：71-78.

经济均衡发展的不可行性，强调把有限的生产要素投向重点地区，使其较快发展，以此带动整个区域经济的发展。其代表性理论主要有以下几种。

（一）增长极理论

“增长极”概念最早由法国经济学家佩鲁（Perroux）于20世纪50年代在《经济区域：理论与应用》一文中提出。佩鲁认为，经济增长不可能同时出现在任何地方，而是先出现在某些增长极上，再由一些渠道向外逐渐扩散，且其最终影响也不一样。增长极是一定经济区域的推进式单元，具有创新性强、技术高、规模大及增长快速等特征，并能诱导其他经济单元的增长，即产生“支配效应”和“扩散效应”（徐宗玲，1996）。[①] 增长极理论有两大缺陷：一是把增长极只建构在抽象的经济区域，没有考虑增长极的地理区域；二是对增长极的积极作用过分强调，忽视其消极作用。针对增长极理论的第一个缺陷，法国经济学家布德维尔（Boudville）把佩鲁增长极的内涵从抽象的经济区域转向地理区域，并提出区域发展极概念（白义霞，2008）。[②]

（二）循环积累因果理论

瑞典经济学家缪尔达尔（Myrdal）认为经济发展中存在循环积累因果原理，即社会系统中的非均衡是由累积因素造成的。缪尔达尔提出了著名的“扩散效应”和“回荡效应”。“扩散效应”是指生产要素从发达地区向落后地区扩散的积累性效应，有利于落后地区的发展，使之与发达地区的差距越来越小；“回荡效应”则指发达地区不断吸引落后地区的生产要素的积累性效应，不利于落后地区的发展，导致落后地区与发达地区的差距越来越大。但是，由于市场机制的作用，“回荡效应”不仅先于而且大于“扩散效应”，因此区域间的差异将不断扩大，发达地区和不发达地区并存，这在一定程度上弥补了增长极理论的第二个缺陷。在此理论基础上，缪尔达尔提出了关于区域经济的政策主张。政府应该优先发展那些具

---

① 徐宗玲．区域经济的非均衡增长与差异［J］．汕头大学学报（人文社会科学版），1996（5）：3-10.

② 白义霞．区域经济非均衡发展理论的演变与创新研究：从增长极理论到产业集群［J］．经济问题探索，2008（4）：22-24.

有竞争优势的地区，再通过扩散效应来带动其他地区的发展。同时，他强调地区间差异不易过大，政府应采取相应措施刺激落后地区发展，从而缩小地区间的差距（林元旦，2004）。①

（三）“核心—边缘”理论

美国著名经济学家赫希曼（Hirsehman）继承了缪尔达尔的理论，提出了区域经济非均衡增长的“核心—边缘”理论。赫希曼指出，经济增长不可能同时在所有地区出现，一旦出现在某个地方，巨大的集聚效应会促使该地区的经济快速增长，该地区即为核心区，核心区周边和落后地区为边缘区。赫希曼提出的“涓滴效应”和“极化效应”与缪尔达尔的“扩散效应”和“回荡效应”相对应。但不同于缪尔达尔的是，赫希曼认为“极化效应”虽然会大于“涓滴效应”，但长期的地理渗透足以减小这种差异。当然，差异的减小同样需要依靠政府的干预，只是政府的干预是审慎的，而非积极的干预（陈秀山等，2000）。②

（四）区域经济梯度转移理论

区域经济梯度转移理论源于哈佛大学经济学教授弗农（Vernon）等于1966年提出的工业产业生命循环阶段论，即工业部门的发展都要经历创新、发展、成熟、衰老四个阶段。后来，区域经济学者把工业产业生命循环论引入区域经济学，创造了区域经济梯度转移理论。该理论认为，任何一个国家或地区在某一时间总是处于一定的经济发展梯度上，新的产品、新的技术以及新的行业均会随时间的推移从高梯度地区向低梯度地区传递。高梯度地区是指其主导部门处于创新阶段的地区，低梯度地区则指其主导部门处于衰老阶段的地区。该理论主张优先发展高梯度地区，再通过要素、产业的转移带动低梯度地区的经济发展，最终缩小区域差距（林元旦，2004）。③

---

① 林元旦．区域经济非均衡发展理论及创新［J］．中国行政管理，2004（6）：35-38.

② 陈秀山，石碧华．区域经济均衡与非均衡发展理论［J］．教学与研究，2000（10）：12-18.

③ 同①.

（五）倒“U”发展理论

倒“U”发展理论证明了赫希曼的观点，库兹涅茨的“倒U形假说”是该理论的基础。1965年，美国经济学家威廉姆逊（Willamson）把时间变量引入区域差异的分析中，其在论文《区域不平等和国家发展过程》中，利用24个国家的横截面数据和10多个国家的短期、长期时间序列数据进行实证分析，发现国家在经济发展初期，随着经济的发展，区域间差距会扩大，然后趋于稳定。当发展进入成熟阶段时，区域间的差异越来越小。区域差异与经济发展水平之间的关系曲线犹如倒“U”，故该理论被称为倒“U”发展理论。由于威廉姆逊的倒“U”发展理论在很多实证检验中被反证，因此学术界对此存有很大争议（伍新木等，2006）。[①]

以上理论都强调经济发展导致区域差异不可避免，差异会随着经济的发展逐渐缩小，同时强调了政府干预的必要性。中国作为一个幅员辽阔的发展中国家，农村的不同区域，如近郊农村和远郊农村，经济与社会发展水平存在较大差异，导致农村社区居家养老模式存在较大的区域差异，制约农村社区居家养老发展的路径选择。因此，社区居家养老的开展模式及服务项目在农村的不同区域不可能完全一致，应因地制宜地进行。同时，应通过先进区域的示范效应，以及政府、社会对落后区域的支持，逐渐缩小农村不同区域社区居家养老的差异。

四、增权理论

增权理论（Empowerment Theory）也称充权、赋权、激发权能理论，最早由巴巴拉·所罗门（Barbara Solomon）在其1976年出版的《黑人增权：受压迫社区中的社会工作》一书提出。增权理论最初被西方政治学家用于解释种族问题，后逐渐被扩展至弱势群体的研究中。增权理论不仅是西方社会工作领域的重要理论，也是社会工作实践中重要的参考知识体系

① 伍新木，高鑫．区域经济发展“双倒U形假说”：对倒U形理论的完善与发展［J］．理论月刊，2006（4）：63-66.

(周会敏, 2008)。[①]

增权理论的核心概念包括权力/权能(power)、去权(disempowerment)、无权(powerless)、增权(empowering)。权力/权能, 指人们获取各种资源的能力, 这种能力不仅是一种客观存在, 也是一种主观感受, 即权力感, 可以增进人们的自我概念, 提升人们的重要感、自尊感、尊严感以及福祉感。去权, 指社会中的某些社群权力被剥夺。无权, 则是去权的结果, 是弱势群体的一种状态。无权不仅指人们缺乏能力或资源的客观现实, 还指人们的一种主观感受, 即无权感。增权, 对于因无权处于弱势地位的个人和群体来说, 不是"赋予"其权力, 而是挖掘或激发其潜能(陈树强, 2004)。[②]

增权的层次可划分为个体、人际关系与社会参与三个层面。个体层面的增权, 指让个体具备有效控制自身的生活能力, 以及对所处环境融合与影响的能力, 既包括实际控制能力, 也包括心理控制能力。人际关系层面的增权, 指通过积极的人际关系拥有一定的社会资源, 从而提升自己的权力和能力。社会参与层面的增权, 指目标在于影响社会决策, 表达利益诉求, 参与社会资源的再分配, 为自己争取社会公正和社会平等待遇(范斌, 2004)。[③]

增权的模式主要为个体主动模式和外力推动模式。个体主动模式, 即个体主动改变无权现状, 其关键在于让个体具有增权的主动性及积极性。外力推动模式, 指通过外部力量的推动和促进来激活弱势群体, 从而让弱势群体获得更多的能力和资源。值得注意的是, 正是因为弱势群体的无权状态导致其中很多人缺乏主动增权的能力; 如果没有外力的推动, 完全依靠自身力量实现增权就非常困难, 所以借助外力的增权很有必要(唐咏, 2009)。[④]

随着年龄的增长, 身体的衰退、经济能力的降低、家庭地位的下降、

① 周会敏. 增权理论与传统社会工作理论之比较与反思 [J]. 东华大学学报(社会科学), 2008 (4): 285-288.

② 陈树强. 增权: 社会工作理论与实践的新视角 [J]. 社会观察, 2004 (1): 70-83.

③ 范斌. 弱势群体的增权及其模式选择 [J]. 学术研究, 2004 (12): 73-78.

④ 唐咏. 中国增权理论研究述评 [J]. 社会科学家, 2009 (1): 18-20.

社会支持网的缩小，老年人处于相对无权的弱势状态。特别是农村老年人，由于长期的城乡二元化导致城乡社会保障方面的巨大差距，使得其缺乏经济保障、健康保障和服务保障，更容易处于弱势状态。农村年轻劳动力的大量外迁让“空巢”老年人越来越多，他们在经济支持、生活照料、精神慰藉等方面面临的不确定性更多，存在更大的养老风险，可谓弱势群体中的弱势者。此外，农村女性老年人是一个不容忽视的弱势群体。由于在教育、就业、社会参与等方面的性别差异，使得女性在年老之前就处于弱势累积过程中（杨菊华等，2013）。[①] 女性年老后，其弱势积累效应更明显，在经济保障、健康医疗、婚姻家庭生活等方面面临着更为突出的困难（姜向群等，2009）。[②] 农村女性老年人由于受性别和城乡差异双重影响，生活尤为艰难（佟新，2008）。[③]

农村人口老龄化形势比城市更为严峻，且农村的养老服务保障严重滞后于城市，农村老年人，尤其是农村“空巢”老年人及女性老年人无人照料的风险不断增大，生活质量受到很大影响。社区居家养老模式则能化解上述风险，并从多方面向老年人赋能，提高其生活质量。生活照顾、康复保健等社区居家养老服务能满足老年人的照料需求和健康需求，从而面向基本生活为老年人增权。文化娱乐、聊天解闷等社区居家养老服务能满足老年人的精神需求，从而为老年人的人际交流增权。此外，通过给老年人提供社会参与的机会，为老年人实现自我价值增权。借助于社区居家养老服务这个“外力”推动，可为农村老年人，尤其农村弱势群体老年人增权，提高其生活质量。

---

① 杨菊华，谢永飞．累计劣势与老年人经济安全的性别差异：一个生命历程视角的分析［J］．妇女研究论丛，2013（4）：18-29.

② 姜向群，杨菊华．中国女性老年人口的现状及问题分析［J］．人口学刊，2009（2）：48-52.

③ 佟新．我国的老龄化、性别和养老政策［J］．华中科技大学学报（社会科学版），2008（2）：82-89.

第三章

恩施市开展农村社区居家养老服务的现实条件

第一节　研究区概况

恩施市是恩施土家族苗族自治州的州政府所在地。恩施市隶属于中部省份湖北省，但距离重庆市更近，兼有中部地区和西部地区属性，且西部地区特征更为明显。此外，恩施市地处武陵山区，辖区内地貌呈阶梯状，地形复杂多变。人口组成上，根据恩施市统计局第六次人口普查数据，汉族人口占比为59.3%，土家族人口占比为38.3%，其他民族人口占比为2.4%，是一个具有鲜明土家族特色的少数民族区域。从社会经济发展方面看，由于交通闭塞，恩施市工业基础薄弱，基础设施建设和第二、第三产业严重滞后，经济发展水平较低。随着高速公路及铁路通车，恩施市如同藏于深闺的“女子”开始展示秀丽的容颜，每年吸引大量游客到恩施市观光旅游。近几年来，政府大力发展具有地方特色和优势的硒产业，推动农业的现代化和产业化，使全市经济发展水平有了一定的提升。但是，经济发展水平依然偏低，且面临人口老龄化和劳动力大量外流的巨大挑战。

恩施市下辖3个街道办事处：舞阳坝街道、小渡船街道、六角亭街道。4个镇：崔家坝镇、龙凤镇、板桥镇、白杨坪镇。9个乡：三岔乡、新塘乡、红土乡、沙地乡、屯堡乡、太阳河乡、白果乡、芭蕉侗族乡、盛家坝乡。由于境内地形起伏较大，16个行政区域的社会经济发展条件明显不同。一般而言，距离城区越远，交通越闭塞、劳动力流出越严重、经济发展水平越低，且老龄化形势越严峻、基础设施建设越薄弱、少数民族人口越多。为此，需要从微观层面探视恩施市不同行政区域农村的情况，即农村社区居家养老服务需求的研究要立足区域差异。

基于上述考虑，在开展农村社区居家养老服务需求调查过程中，笔者选择了恩施市街道办事处下辖农村、龙凤镇农村、白杨坪镇农村、沙地乡农村、新塘乡农村、红土乡农村作为调查地点。总计发放问卷900份，回收786份，有效问卷720份。调查对象为60岁及以上农村老年人，调查内容涉及老年人的个体基本特征、社会经济特征、家庭特征以及对社区居家养老各服务项目的需求等。城市和农村的生产生活方式区别大，而且具体位置的远近又决定了城市对农村的影响大小。相对来说，距离城市越近的农村，受城市的辐射越强，经济发展水平和城镇化水平较高。由此，根据地理分布特点，农村可以分为近郊农村和远郊农村。从区域分布来看，恩施城区所辖农村以及龙凤坝镇为近郊农村。恩施城区所辖农村距离市中心不超过5千米，龙凤镇距离市中心不超过10千米，且受城市的影响较大。新塘乡、沙地乡、红土乡为远郊农村，距离市中心分别为72千米、76千米、150千米，且受城市的影响小。白杨坪镇作为近郊农村和远郊农村的过渡带，距离市中心38千米。基于白杨坪镇呈现更多的农村经济社会特征，将白杨坪镇也作为远郊农村。选择上述区域作为研究地点主要有以下几个方面原因。

一、涵盖了恩施市农村典型的自然地理要素

恩施市地处武陵山区，为典型的喀斯特地形地貌，呈明显阶梯状。境内山峦起伏，高低悬殊，最低海拔约66.8米，最高海拔约3005米。星罗棋布的山峦造就了美丽的自然风光，既有险峻秀美的山峰和壁立千仞的悬崖，也有深深的山谷和奔涌的河流。其中，城区及龙凤镇平均海拔约400米，白杨坪镇平均海拔约820米，新塘乡平均海拔约861米，沙地乡平均海拔约950米，红土乡平均海拔约1450米。研究区域既有较低海拔的区域，也有较高海拔的区域。平均海拔决定了各区域内旱田和水田的分布，从而决定了各区域农业生产的差异。如龙凤镇以种植蔬菜、茶叶、柚子为主，白杨坪镇以茶叶生产为龙头，沙地乡盛产水稻、玉米、板栗及魔芋、烟叶等经济作物，新塘乡的药材种植尤为有名，红土乡种植魔芋、烟叶、药材等作物。农业生产上的差异不仅会影响各区域的经济发展，还导致了不同的饮食习惯。

作为典型的山地区域，辖区内的森林资源及矿产资源较为丰富。但由于交通不便利，森林资源和矿产资源没有得到有效利用。同时，区域内的水电资源也较为丰富，沙地乡、新塘乡、红土乡境内都修建有水电站。需要指出的是，恩施市"世界硒都"的美誉正是源于在新塘乡境内发现了世界上唯一独立的硒矿床。沙地乡、白杨坪镇、红土乡的硒资源储存也很丰富，硒产业发展前景良好。

从农村聚落特征看，恩施市农村聚落分布形态具有多样性。既有城市效应导致的片状聚居结构，也有沿主要交通干道的块状聚居结构，但更多的是山区崎岖地形导致的满天星分布格局（杨庆媛等，2004）。[①] 由此带来了居住点分散、分布凌乱等问题。在调查选择的区域，城区所辖农村以及龙凤镇属于典型的片状聚落结构；白杨坪镇作为沪蓉高速和宜万铁路以及209国道进入恩施市的门户，自然形成了围绕主干道路的块状聚居结构；而沙地乡、新塘乡及红土乡距离城区较远，距离主要干道也很远，使得这些区域内的农村聚落依赖于当地自然条件，呈现满天星的态势。农村聚落的形成和社区的形成有着直接的联系。上述区域基本上全面涵盖了恩施市内农村典型自然特征，以此为研究区对农村社区居家养老进行分析与探讨，能较为全面地展示恩施市开展农村社区居家养老的现实条件。

二、不同区域社会经济状况差别明显

根据恩施市第六次人口普查数据，区域内平均人口密度为189人/平方千米，属于人口较为稀少地区。上述研究区域中，龙凤坝镇、白杨坪镇、沙地乡、新塘乡、红土乡的平均人口密度分别为217人/平方千米、202人/平方千米、138人/平方千米、89人/平方千米、157人/平方千米。[②] 由此可见，靠近城市的区域人口密度较大。此外，研究区域内非农业化程度差异明显。除了城区所辖农村区域外，非农业化程度最高的是龙凤坝镇，为10.5%；最低的是白杨坪镇，为2.7%。沙地乡、新塘乡、红土乡的非农业

---

① 杨庆媛，田永中，王朝科，等. 西南丘陵山地区农村居民点土地整理模式：以重庆渝北区为例［J］. 地理研究，2004（4）：469-478.

② 恩施市统计局. 恩施市第六次人口普查数据［EB/OL］.［2014-06-06］. http://www.estjj.gov.cn.

化水平较低，分别为9.6%、6.8%、3.6%。[①] 从数据上看，白杨坪镇虽然交通发达，距离城区较近，但是其非农业化程度最低。其原因：一方面，恩施市农村地区的第二和第三产业落后；另一方面，白杨坪镇人口基数相对更大，同等产业水平下，其拥有的非农业人口和其他区域相差不大。

近年来，恩施市的交通状况得到了很大改善。高速公路、铁路相继通车，为恩施市与外界的交流提供了更便捷的渠道。交通便利，意味着对内、对外交流更畅通。在选择的研究区域中，城区所辖农村距离市中心近，交通便利。龙凤镇距离市中心较近，且拥有铁路、高速路、国道、县道等交通线，交通较为便利。沙地乡、新塘乡、红土乡距离市中心很远，交通条件逊色很多。虽然白杨坪镇距离市中心较远，但由于是国道、高速路的入口，交通状况比沙地乡、新塘乡及红土乡好得多。交通状况不仅影响当地的经济发展，还会对所在区域居民的生活方式产生一定的影响。相对来说，交通状况好的地区，人员流动性强，且输入型及输出型的人员流动均有。交通状况不好的地区，大多为人口输出比较大的区域。根据恩施市第六次人口普查数据，各区域半年以上外出人口比率分别为：城区所辖农村9.6%、龙凤镇13.1%、白杨坪镇16.5%、沙地乡19.1%、新塘乡28.8%、红土乡22.8%。[②] 显然，远郊农村的人口输出要比近郊农村的数量大。人员流动性的不同导致当地居家养老的现实背景有很大的差异。另外，交通是影响信息和文化交流的重要因素。交通状况差的农村与外界的联系较少，当地的风土人情、乡土社会保留更完整。

由表3-1可知，由于地域差异，研究区有着不同的特色产业。靠近城市，农业侧重点在于为城市提供“菜篮子”，因此蔬菜、茶叶种植是近郊农村的特色产业。在远郊农村，为了提高农民的收入，以发展烟草、魔芋种植业为主。特色产业的不同，使得研究区内的经济发展呈现不同的态势。从生产总值看，作为近郊农村的代表，龙凤镇2014年实现生产总值

① 恩施市统计局．恩施市第六次人口普查数据［EB/OL］．［2014-06-06］．http：//www.estjj.gov.cn.

② 杨庆媛，田永中，王朝科，等．西南丘陵山地区农村居民点土地整理模式：以重庆渝北区为例［J］．地理研究，2004（4）：469-478.

136023万元，农村常住居民人均可支配收入为6198元。[①] 作为远郊农村的代表，新塘乡2014年实现生产总值43000万元，农村常住居民人均可支配收入为5256元。[②] 从数据可以看出，近郊和远郊农村常住居民人均可支配收入差距不小。无论是近郊农村还是远郊农村，从湖北省2014年农村常住居民人均可支配收入10849元来看，恩施市农村居民的收入均处于一个比较低的水平。农村居民的可支配收入在一定程度上可反映老年人的收入状况或者子女提供代际经济支持的能力。进而，不同地区的老年人群体在收入水平及收入来源上存在较大差异。不同地区农村老年人的经济来源均不足，且结构不合理，限制了老年人生活水平的提高。[③]

表3-1　研究区域的特色产业

研究区域	特色产业
城区所辖农村	蔬菜种植
龙凤镇	柚子、蔬菜、茶叶、魔芋、中药材种植，家禽产业
白杨坪镇	茶叶种植，生猪喂养
沙地乡	烟草、魔芋种植，板栗栽培
新塘乡	烟草、药材种植
红土乡	烟草、药材、魔芋种植

在少数民族人口占比及老龄化程度方面：首先，研究区域内少数民族人口占比差异较大。新塘乡的少数民族人口占比为75.8%，土家族人口占比为75.5%，均为最高。白杨坪镇的少数民族人口占比为8.9%，土家族人口占比为8.8%，均为最低。相比之下，远郊农村的少数民族人口比例更高。加之远郊农村交通较为闭塞，因而保留和传承了更多的土家族典型的生活方式、精神风尚与民族文化。近郊农村中，如龙凤镇的少数民族人口虽然较少，但由于土家族与汉族长期杂居及文化习俗融合交流，土家族

① 恩施市龙凤镇人民政府公众信息网．龙凤镇基本情况介绍［EB/OL］．［2015-08-29］．http：//www.eslongfeng.com.cn/Article/ShowArticle.asp？ArticleID=5801.

② 新塘乡人民政府公众信息网．新塘概况［EB/OL］．［2015-09-14］．http：//www.esxt.gov.cn/zjxt/xtgk/201509/t20150914_153513.htm.

③ 姜向群，郑研辉．中国老年人的主要生活来源及其经济保障问题分析［J］．人口学刊，2013（2）：42-48.

人所独有的饮食习惯，如喜食“腊肉”“榨广椒”“油茶”“合渣”等，以及一些典型的社会风尚，已经成为这些地区农村生活习俗的一部分。其次，在老龄化方面，由表3-2可知，本书选择的研究区域都已经进入了老龄化社会。横向比较6个研究区域的老龄化情况，可以看出老龄化情况最严重的是新塘乡。需要注意的是，新塘乡同时也是少数民族人口占比最高、外流人数最多的区域。这反映了一个严峻的现实，新塘乡是老龄化及“空巢”化最严重的区域。此外，表3-2显示，远郊农村相对来说老龄化程度更严重。在传统家庭养老难以为继的背景下，偏远农村的老年人迫切需要社会提供养老支持。

表3-2　研究区域的老龄化及少数民族人口情况

研究区域	少数民族人口占比/%	土家族人口占比/%	老龄化情况/%
城区所辖农村	39.1	36.5	11.6
龙凤镇	11.4	11.0	15.6
白杨坪镇	8.9	8.8	16.9
沙地乡	55.2	55.0	19.8
新塘乡	75.8	75.5	20.3
红土乡	63.3	63.1	17.4

资料来源：恩施市第六次人口普查数据。

此外，作为医疗资源最主要的消耗群体，地区的医疗资源无疑是影响农村老年人生活质量的重要因素。近郊和远郊农村医疗资源的差异主要体现在两个方面：一是近郊农村距离城区大型医院更近，且近郊农村聚落片状或带状分布使得乡镇卫生院及村卫生室的布局更合理。二是远郊农村的医疗资源更少，且受制于山区地形，就医非常不便。最终呈现出的问题是不同农村区域医疗服务的可及性有明显差异，进而导致不同农村区域的老年人实现“老有所医”的程度有较大差别。

综上所述，本书选择的研究区域呈现了不同的社会经济特征，从而为从微观层面分析这些差异所带来的社区居家养老服务需求差异提供了基础条件。

第二节 开展农村社区居家养老服务的条件分析

恩施市农村受经济落后、山区地形、人口外流等因素的限制，农村社区居家养老的开展面临诸多不利条件。但是，恩施市农村特有的土家族文化却能在一定程度上为农村社区居家养老的开展提供有利条件。因此，对恩施市农村开展社区居家养老的条件进行全面分析，有助于恩施市在开展农村社区居家养老时立足实情，取长补短。

一、区域经济发展与老龄化态势不均衡

恩施市广大农村地区，经济发展受当地自然地理环境因素的严重制约，导致恩施市的经济发展不仅城乡差异巨大，而且农村各区域之间也存在较大差异。区域经济发展不均衡，导致区域之间的养老资源也具有强差异性。从不同的积累途径来看，养老资源可以分为内生性和外生性两种。内生性养老资源是老年人自己创造和积累的，外生性养老资源是家庭成员、家属团体和社会各界创造和积累的。[①] 如前所述，土家族聚居区域大多为远郊农村，老年人的文化程度低，且与外界接触较少，使得老年人获取经济收入的能力相对不足，养老积蓄有限，从而内生性养老资源不足。同时，子女的外出务工使得家庭养老最根本的要素逐渐缺失，加之农村社会养老保障制度存在经济保障有限、服务保障落后的问题，从而导致外生性养老资源积累也不足。社会养老的有效实现，有赖于养老资源的优化分配，以减小地区之间的差异。随着老龄化程度的进一步加剧，以及社会环境的改变，区域间的差异性会动态变化。着眼于差异性并动态优化分配养老服务资源，是一项复杂艰巨的任务。

除养老资源差异之外，各地区的老龄化程度也不均衡。如前所述，远郊农村的老龄化程度明显比近郊农村严重。老龄化情况最严重的新塘乡 60

① 穆光宗．家庭养老制度的传统与变革［M］. 北京：华龄出版社，2002：18-21.

岁及以上老年人口比例已经达到20.3%，而老龄化情况相对较轻的城区所辖农村60岁及以上老年人口比例为11.6%。显然，随着时间的流逝，老龄化严重的区域老龄化程度会进一步加剧，而老龄化相对轻微的地区老龄化速度会缓慢一些。从区域社会学来看，每个区域不同的社会结构，使得“空巢”家庭比例、家庭可支配收入等呈现出高度差异性，从而导致异质性的养老需求。

可见，远郊农村老龄化形势更为严峻，更需要社区居家养老服务的支持。但是，相对于近郊农村，远郊农村的经济发展水平低，养老资源更为稀缺，将加大远郊农村发展社区居家养老的难度。

二、“空心化”及基层组织建设滞后

大部分山区农村的可耕种土地资源较为有限，随着生活成本特别是抚养子女的成本提高，大量农村青壮年劳动力涌入城镇，导致农村出现“空心化”现象。农村“空心化”虽符合农村人口下降、减轻人地关系压力的愿望，但农村人口选择性地向外迁移，无疑使农村经济社会发展面临长期挑战。[①] 农村“空心化”主要体现在两个方面：一是农村常住人口的数量不断下降；二是农村常住人口中绝大部分是老年人和儿童。这将带来两个方面的负面影响：一方面，“空心化”会导致农村的劳动生产率下降。原因在于流入城镇的农村大口大多是青壮年劳动力，或者拥有一技之长的劳动力。留守的老年人大多限于体力和精力，无法从事繁重及技术性强的农业生产活动，进而使部分农田资源闲置浪费。低的劳动生产率自然会导致较低的农业收入，进而影响老年人享受社会养老服务的意愿和能力。另一方面，“空心化”弱化了农村社交网络的功能。社交网络功能与社交网络的人口数量有密切的联系，大量农村青壮年劳动力的流出在很大程度上弱化了社交网络的功能，进而导致农村基层组织力量薄弱及管理松散。例如，一些农村地区进行选举时，连人数都无法达到法定标准。

本书研究区域的老龄化情况显示出明显的区域不平衡，而人口向城镇流动加剧了这种不平衡。“空心化”导致农村的经济发展后继乏力，使得

① 周祝平．中国农村人口空心化及其挑战［J］．人口研究，2008（2）：45-52.

农村经济的可持续发展遭遇严峻的挑战，必然导致农村社区居家养老的建设资金不足。更为严峻的是，“空心化”导致农村基层组织建设滞后，给社区居家养老服务的开展带来挑战。

三、基础设施建设与公共事业发展滞后

水、电、交通等基础设施和医疗、卫生、文化、教育等公共事业建设虽是提升民生福祉的重要手段，但是在农村这种辐射作用有限。对于居住集中的城市，基础设施建设和公共事业建设的成本相对较低，且利用效率更高。而对于居住分散的农村，由于政府投入民生建设的成本高和投入缺乏聚集效应，使得农村的基础设施和公共事业建设相对滞后，这从另一方面加剧了城乡的差异化。就养老非常重要的医疗资源而言，根据《2017 年恩施州统计年鉴》，截至 2017 年底，恩施市有乡镇卫生院 14 个，村卫生室 191 个；恩施市有 8 个乡，5 个镇，172 个村。① 仅从数量上看，平均每个乡镇至少拥有 1 家卫生院，平均每个村至少拥有 1 个卫生室。然而，需要注意的是，卫生机构的功能覆盖不仅与辖区居民的数量有关，还和辖区的地理面积有关，更和医疗机构的床位数、专业技术人员数量有直接关系。以新塘乡为例，根据其官方网站②的数据，每千人医疗专业技术人员数约为 1.93 人，但新塘乡有 12 个村委会，乡村医生仅 23 人。加之居民分散零星居住，导致农村居民接受医疗服务可及性不强，农村居民特别是农村老年人无法有效享有医疗资源。首先，农村社区居家养老中的医疗保健服务无疑需要以医疗机构，尤其是村卫生室作为载体；其次，村卫生室的发展滞后让医疗保健服务的提供难以实现，进而导致农村社区居家养老服务的效能有限。

交通、水利、饮水、电力等基础设施建设不仅让居民可以享受公共物品的效用，还能促进当地经济的发展。恩施市不仅农村基础设施建设滞后，而且不同农村区域之间存在较明显的差异。以交通建设为例，即便同

---

① 恩施土家族苗族自治州人民政府. 2017 恩施州统计年鉴［EB/OL］.［2018-12-27］http://www.enshi.gov.cn/sj/tjnj/201812/t20181227_392272.shtml.

② 新塘乡人民政府公众信息网. 中心卫生院简介［EB/OL］.［2015-05-09］. http://xintang.es.gov.cn/zjxt/dwmp/201509/t20150909_152814.htm.

属远郊农村，但白杨坪镇与新塘乡之间却有显著差别。白杨坪镇不仅坐落于交通要道，政府还非常重视交通工程建设，至今已建成三纵（“318”国道、“209”国道、“白奉”省道）、三横（三张公路、张白公路、鲁熊公路）两条循环交通网络，基本实现公路到每个村组的目标。新塘乡虽然形成了以“恩鹤”“恩红”公路为骨架的交通网，但尚有一些村组没有通公路。相比而言，新塘乡没有便捷的交通，从而对经济的发展和社会养老的建设产生消极影响。

四、居住分散导致社区建设滞后

本质上，社区是具有一定地域特征，通过一定社会活动自然形成的地方社会。农村社区，正是以农业为纽带，由依赖自然生态环境的聚落自然形成的共同体。相对而言，农村社区地域广阔，人群聚居程度较低。农村社区的社会组织较为简单，源自宗亲的习俗组织在日常生活中发挥一定的作用。另外，农村社区居民的血缘、地缘关系较为密切，生活方式较单调，富有传统色彩（孙秋云，2001）。[①] 恩施市村落大多由依赖于自然地理环境的聚落组成，而聚落居住形态各异，呈满天星状。社区作为一个社会共同体，居民居住分散会对社区建设带来不利影响，影响社区功能的发挥。

首先，居住分散导致社区缺乏活力。在恩施市农村，由于自然资源，特别是土地资源相对缺乏，人口居住分散，加之大量农村青壮年劳动力外出务工，越发显得人口稀疏。在现有大村委会治理框架下，社区居民缺乏交往的机会和诉求，居民之间的连接纽带不紧密。作为生活共同体，社区的活力正是来自群体成员之间的广泛交往。在居民连接纽带单一的情形下，社区自然缺乏活力。

其次，居住分散导致社区经济发展受限。对农民而言，最重要的资源是耕地。在恩施市农村，由于耕地呈零星分布，且肥沃程度各异，土地资源集约化难度大，发展现代农业可能性小。耕作水平较低，加上缺乏人力，导致农田荒废，资源难以有效利用。国家取消农业税后，村委会和农

① 孙秋云．社区历史与乡政村治［M］．北京：民族出版社，2001：13.

民之间的经济关系弱化，社区的经济基础薄弱，无法承担发展社区经济的职能。

最后，居住分散导致社区服务水平低。大量研究结果证实，政府财政提供公共物品和服务是缩小城乡收入差距和促进农村经济发展的重要方法。[①] 但由于偏远农村人口较少，难以发挥规模效益，导致政府、社会等对其公共设施建设的投入较少。更重要的是，偏远农村距离城市遥远，交通闭塞，基础建设成本高，致使社区基础设施薄弱。同时，村委会管理人员少，且服务意识较差。硬性资源的匮乏，制约了农村社区服务水平的提高。

综上所述，分散居住弱化了农村社区固有的社会功能，致使其无法在社会养老中有效发挥应有的作用。社区居家养老如果缺少社区的有力依托，无论是开展还是可持续发展社区居家养老服务，均会面临很多不确定性。

五、维系民族文化的邻里亲

社区居家养老服务的开展，需要一定的经济基础，需要相关的法律、法规保障，需要社会组织积极参与支撑，也需要相应的文化土壤。在经济水平比较低下的背景下，民族地区推行社区居家养老的两个重要前提是群众参与和自愿互助。群众参与是指鼓励居民参与养老公共设施建设，主动为养老设施建设提供经济支持或服务支持。自愿互助一方面能缓解农村社区居家养老服务人员短缺，保证农村社区居家养老服务低成本运行；另一方面能有效提高老年人的社会参与能力，在相互帮助支持中实现“老有所为”。但是，推动群众参与和自愿互助的前提条件是增强居民的凝聚力和归属感。

恩施市土家族人口占比较高。“忠孝”是土家族人的立身之本。土家族人的“孝”不仅涉及亲子之间的和谐，还涉及父系或母系亲族及对长辈

① 杨矗．中国农村公共物品投资的区域分布、演变趋势及影响研究［D］．西安：西北大学，2015.

的尊重（向阳，2007）。[①] 按民族传统，老年人倾向于居家安度晚年，对机构养老有排斥心理。同时，子女担心将家中老人送至养老院、老年公寓等养老机构会被认为不孝。依托社区的居家养老迎合了土家族老年人“念家”的心理需求，即把“小家庭”扩展到社区这一“大家庭”（郭竟成，2010）[②]，这有利于恩施市开展农村社区居家养老。

此外，以血缘关系为基础自然形成的散村社区，成员之间有天然的紧密关系，从而为社区居家养老提供了有利条件，成为农村社会化养老建设的重要资源。[③] 虽然农村社区人员之间的连接纽带较为单一，但民族文化以及血缘关系为农村社区居家养老的开展奠定了良好的基础。土家族人热情好客、团结互助，土家族人聚居的地区，邻里关系大多和谐。土家族文化传统中蕴含的忠孝、团结、互助元素，为增强社区的凝聚力提供了重要的要素，为社区居家养老的顺利发展提供了天然土壤。

从长远来看，农村社区居家养老应在可持续发展理念下逐步完善基础建设，逐步建立政府、社区、居民、老年人以及服务者等之间的社交网络。就网络结构而言，邻里亲和宗亲连接的近邻是社交网络的一个组成单元。忠孝、团结及互助等民族元素提升了小型社交网络的黏性。由此，少数民族地区的农村社区具有了鲜明的文化特色。在农村社区建设过程中，有针对性地通过民族习俗引导老年人和居民增强对社区文化的认同感和归属感，从而促进老年人不断扩大社交网络，以得到更多社会支持及社会参与的机会。

总而言之，优良的传统习俗为社区的发展提供了丰富的养分，为社区居家养老服务的开展奠定了基础。同时，随着社区为老年人提供养老服务能力的增强，反过来可以促进社区的良性发展。

---

① 向阳．试论土家族传统孝亲思想的内涵及本质［J］．民族论坛，2007（12）：20-21.

② 郭竞成．居家养老模式的国际比较与借鉴［J］．社会保障研究，2010（1）：29-39.

③ 徐志文，谢方．农村社区养老合理性分析及实施对策［J］．农村经济，2005（11）：73-75.

第三节　本章小结

本章介绍了恩施市的基本情况，并从自然地理因素、社会经济状况两方面阐述了选择恩施市街道办事处下辖农村、龙凤坝镇农村、白杨坪镇农村、沙地乡农村、新塘乡农村以及红土乡农村作为研究区域的原因。在此基础上，本章分析了恩施市开展农村社区居家养老服务的条件，指出区域经济发展与老龄化态势的不均衡、“空心化”及基层组织建设薄弱、基础设施建设与公共事业发展滞后、居住分散导致的社区建设滞后在很大程度上制约了恩施市农村社区居家养老的开展。但是，邻里亲又在一定程度上为恩施市农村社区居家养老服务的开展提供了有利条件。为此，应基于充分了解农村老年人需求，结合现实条件取长补短、因地制宜地开展社区居家养老服务。

第四章

恩施市农村老年人社区居家养老服务需求特征及影响因素

受制于经济因素，社区居家养老的多种服务项目难以在恩施市农村地区展开，所以应基于了解农村老年人的迫切需求，优先开展农村老年人最为需求的服务项目。此外，了解影响农村老年人对社区居家养老服务需求的因素，有助于社区居家养老服务有针对性地开展。基于此，本章探析恩施市农村老年人社区居家养老服务需求的特征，并分析其影响因素。

第一节　数据来源与研究假设

一、数据来源

本书的研究对象为恩施市下辖的14个行政区域中60岁及以上的农村居民，问卷调查采取分层抽样和随机抽样相结合的方式。根据恩施市农村区域的空间分布及社会经济发展状况，将恩施市所辖农村分为近郊农村和远郊农村，并分别在近郊农村和远郊农村抽取具有代表性的区域。其中，近郊农村涉及恩施市3个街道办事处下辖农村以及龙凤坝镇农村，远郊农村涉及白杨坪镇、沙地乡、新塘乡及红土乡农村。该6个区域较好地反映了恩施市的自然地理环境特征，各区域呈现出不同的社会经济发展状况，同时具备少数民族地区社区居家养老的影响要素。以上述6个区域为研究区域并对农村社区居家养老服务的需求进行调查，在此基础上较为全面地展示了恩施市农村社区居家养老的典型特征。在此基础上，本书在抽取的6个农村区域中，在每个区域中再抽取2个代表性村落。在每一个被抽取的村落中，在60岁及以上的居民中随机抽取调查对象。调查问卷主要围绕农村老年人的基本情况、收入、社会保障、医疗服务利用情况、身心健康状况及养老服务需求等方面展开。总计发放问卷900份，回收786份，有效问卷720份。本章以调查的全部农村老年人为研究对象，有效样本720个。需要说明的是，后续涉及的数据来源与本章相同。

二、研究假设

（一）个体特征对社区居家养老服务需求的影响

老年人对社区居家养老服务的需求与其个体特征有关，本章采用年龄、性别、民族、文化程度、健康状况5个指标反映老年人的个体特征。年龄是影响老年人社区居家养老服务需求的重要因素，老年人年龄越大，对社区居家养老服务越有更多的需求。① 在性别差异上，需要照料的女性老年人比例高于男性老年人，在农村地区各个年龄组老年人中女性老年人的照料需求均较高②。与汉族相比，子女对少数民族居民养老的支持作用更凸显。③ 如土家族，孝顺是土家族人崇尚的道德规范，家庭赡养是土家族人养老的必然选择。④ 与汉族老年人相比，少数民族老年人对社区居家养老服务的需求更少。在文化程度方面，一般而言，老年人受教育程度越高，越愿意接受社区居家养老这类社会化养老服务方式，社区居家养老服务需求越多。在身体健康方面，身体健康状况对农村老年人的社区居家养老服务需求有显著的影响。老年人的身体健康状况越差，对社区居家养老服务的需求越多。老年人自理能力越强，对生活照料和医疗保健护理的需求越多。老年人心理健康状况越差，越易出现孤独、焦虑、抑郁等症状，

---

① 胡宏伟，李玉娇，张亚蓉．健康状况、群体差异与居家养老服务保障需求：基于城乡老年人调查的实证分析［J］．广西经济管理干部学院学报，2011（2）：30-41.

② 张恺悌，郭平．中国人口老龄化与老年人状况蓝皮书［M］．北京：中国社会出版社，2010：143-147.

③ 马瑞丽．农民养老中子女支持的性别差异研究［J］．华中农业大学学报（社会科学版），2015（4）：13-21.

④ 向运华，姚虹．少数民族地区城市社区养老的现状与发展对策：以恩施市为例［J］．云南民族大学学报（哲学社会科学版），2016（2）：63-67.

对精神慰藉服务往往有更多的需求。[①]

假设1：农村老年人社区居家养老服务的需求受个体特征的影响，年龄越大的老年人、女性老年人、汉族老年人、文化程度越高的老年人、身体健康状况越差的老年人对社区居家养老服务需求越多。

（二）家庭特征对社区居家养老服务需求的影响

本章采用婚姻状况、儿子数、女儿数、居住方式4个指标反映老年人的家庭特征。老年人的社会养老服务需求被嵌入在家庭结构情境中，丧偶或无偶、儿子数少的老年人，其家庭养老条件不充分，社会养老服务需求水平更高。[②] 子女数量反映了代际支持的多少，子女数量越多的老年人有可能获得更多的养老支持。[③] 儿子数与社会养老服务需求的意愿之间存在显著的负向关系，有儿子的老年人能从儿子处获得经济支持、情感支持等，没有儿子的老年人则面临更多的养老困难，对社会养老服务需求的意愿更强烈。与有女儿的老年人相比，没有女儿的老年人对社会养老服务需求的意愿更强烈，但影响不显著。[④] 居住方式对农村老年人社区居家养老服务需求有重要影响，与和子女同住的老年人相比，独居老年人对社区居家养老服务往往有更多的需求。[⑤]

假设2：农村老年人社区居家养老服务需求受家庭特征的影响，无偶老年人、儿子数少的老年人、女儿数少的老年人、不和子女居住的老年人对社区居家养老服务有更多的需求。

（三）经济特征对社区居家养老服务需求的影响

本章用月收入、养老保险、医疗保险3个指标反映老年人的经济特征。个人年收入对农村老年人居家养老服务需求有显著影响，个人年收入越高

---

① 胡宏伟，李玉娇，张亚蓉．健康状况、社会保障与居家养老精神慰藉需求关系的实证研究［J］．西华大学学报（哲学社会科学版），2011（4）：91-98.

② 田北海，王彩云．城乡老年人社会养老服务需求特征及其影响因素：基于对家庭养老替代机制的分析［J］．中国农村观察，2014（4）：2-17.

③ 王硕．家庭结构对老年人代际支持的影响研究［J］．西北人口，2016（3）：78-83.

④ 黄俊辉，李放，赵光．农村社会养老服务需求评估：基于江苏1051名农村老人的问卷调查［J］．中国农村观察，2014（4）：29-41.

⑤ 胡宏伟，张亚蓉，郭牧琦．心理健康、城乡差异与老年人的居家养老保障需求研究［J］．中北大学学报（社会科学版），2012（2）：1-9.

的农村老年人对居家养老服务的需求意愿越强。① 尽管新农合基础养老金不足以支付大多数农村老年人的生活开支，但大大缓解了老年人的经济压力。② 新农合提高了农村老年人的经济独立性，降低了老年人在经济、照料等方面对子女的依赖程度，提高了老年人从外部市场购买服务的可能性，增加了老年人对社会正式照料的需求。③ 医疗保障制度对老年人的养老方式有着重要影响，医疗保障水平越高，老年人越偏好于社区居家养老。④

假设 3：农村老年人社区居家养老服务需求受经济特征的影响，月收入高的老年人、参加了养老保险和医疗保险的老年人对社区居家养老服务有更多的需求。

（四）地区特征对社区居家养老服务需求的影响

相对于远郊农村居民，近郊农村居民对养老服务政策的社会认同度更高。⑤ 与远郊农村居民相比，近郊农村居民对社区居家养老服务的需求量更大，需求层次更高，需求构成更复杂。⑥ 但有学者认为偏远地区的农村由于青壮年劳动力的外迁导致农村“空心化”，使老年人对养老服务有更大的需求。⑦ 而且，地理位置越偏远的农村老年人对社区居家养老服务的需求越多。⑧

假设 4：地区特征对农村老年人社区居家养老服务需求的影响不确定。

---

① 李放，樊禹彤，赵光．农村老人居家养老服务需求影响因素的实证分析［J］．河北大学学报（哲学社会科学版），2013（5）：68-72.

② 宁满秀，叶菲菲．养老金收入对农村老年人生活满意度影响研究［J］．电子科技大学学报（社会科学版），2016（1）：13-19.

③ 程令国，张晔，刘志彪．“新农保”改变了中国农村居民的养老模式吗？［J］．经济研究，2013（8）：42-54.

④ 李玉娇．医疗保障水平、服务认知差异与养老方式选择：制度效果会影响老年人居家养老需求吗？［J］．华中农业大学学报（社会科学版），2016（3）：118-124.

⑤ 王增文．农村老年人口对养老服务供给主体的社会认同度研究：基于宗族网络与农村养老服务政策的比较［J］．中国行政管理，2015（10）：124-128.

⑥ 孙健夫，姚文朱．我国现阶段城郊地区养老服务问题研究［J］．经济管理，2013（10）：174-180.

⑦ 郭竞成．农村居家养老服务的需求强度与需求弹性：基于浙江农村老年人问卷调查的研究［J］．社会保障研究，2012（1）：47-57.

⑧ JORM L R，WALTER S R，LUJIC S，et al. Home and community care services：a major opportunity for preventive health care［J］. BMC Geriatrics，2010，10（1）：26-34.

第二节　研究设计

一、变量选取

（一）因变量

《恩施州人民政府关于推进养老服务业发展的意见》规定，社区居家养老服务包括生活照料、家政服务、康复护理、文体娱乐和精神慰藉等。基于该文件对社区居家养老服务内容的界定，以及恩施市农村实际情况，本书将社区居家养老服务项目划分为生活照顾、医疗保健、精神慰藉 3 类 12 项。老年人对社区居家养老服务的需求水平分为“非常不需要”“不太需要”“一般”“比较需要”和“非常需要”5 个等级，从低到高分别赋值为 1、2、3、4、5。对 3 类 12 项服务设定相同权重，以每个类别下各服务项目的需求水平为基数，通过计算算术平均数来衡量老年人对各类社区居家养老服务的需求水平。以 12 项服务需求水平为基数，通过计算算术平均数来衡量老年人对社区居家养老服务需求的总体水平，具体见表 4-1。为便于分析，回归分析中将老年人对各类社区居家养老服务的需求水平取整数，将 1~2 界定为“不需要”，即需求为“无”，将 3~5 界定为“需要”，即需求为“有”。如此，社区居家养老服务需求简化为二分类变量，即“无”和“有”。因变量为农村老年人的社区居家养老服务需求，包括对生活照顾服务的需求、对医疗保健服务的需求以及对精神慰藉服务的需求。

表 4-1　社区居家养老服务项目及需求量均值

服务类别及项目	需求水平	服务类别及项目	需求水平	服务类别及项目	需求水平
生活照顾	1.9	医疗保健	3.2	精神慰藉	2.6
1. 帮助做饭或送饭	1.6	5. 上门看病	3.1	9. 提供棋牌场所	3.1

续表

服务类别及项目	需求水平	服务类别及项目	需求水平	服务类别及项目	需求水平
2. 帮助洗衣服、打扫卫生	1.8	6. 陪同看病	2.9	10. 提供跳舞健身场所	2.6
3. 帮助购物	1.9	7. 定期体检	3.5	11. 陪同聊天	2.6
4. 行动不便时照顾	2.2	8. 健康咨询	3.2	12. 心理咨询	2.2
总体需求水平	2.6				

（二）自变量

为了探讨影响农村老年人社区居家养老服务需求的因素，根据研究假设，设置4类自变量，分别是个体特征、家庭特征、经济特征、地区特征。具体如下：①个体特征以年龄、性别、民族、文化程度、健康状况5个指标反映。年龄分为60~69岁、70~79岁、80岁及以上3个阶段；性别为男、女；民族分为汉族和少数民族；文化程度分为小学以下、小学、初中、高中及以上层次；健康状况按老年人的健康自评，分为不好（包括很差、比较差）、一般、好（包括比较好、很好）3个等级。②家庭特征以婚姻状况、儿子数、女儿数、居住方式4个指标反映。婚姻状况分为无偶（包括未婚、丧偶、离婚）、有偶2种情况；儿子数分为0个、1个、2个、3个及以上4种情况；女儿数分为0个、1个、2个、3个及以上4种情况；居住方式分为不和子女同住（包括独居、仅与配偶同住、与未成年孙辈同住以及其他居住方式）、和子女同住2类。③经济特征以月收入、养老保险、医疗保险3个指标反映。月收入分为低于200元、200~499元、500~999元、1000元及以上4个等级；养老保险分为无、有（包括城乡居民基本养老保险和其他养老保险）2类；医疗保险分为无、有（包括城乡居民基本医疗保险和其他医疗保险）2类。④地区特征为近郊和远郊2类。变量选取的具体情况见表4-2。需要说明的是，以下各章涉及的变量如与本章相同，无特别说明，均与本章界定相同。

表 4-2　变量定义及基本描述

变量			变量取值及分布	均值	标准差	最小值	最大值
因变量	生活照顾需求		无=0（72.3%）；有=1（27.7%）	0.2769	0.44779	0	1
	医疗保健需求		无=0（25.9%）；有=1（74.1%）	0.7413	0.43825	0	1
	精神慰藉需求		无=0（43.9%）；有=1（56.1%）	0.5608	0.49663	0	1
自变量	个体特征	年龄	60~69 岁=1（57.3%）；70~79 岁=2（33.4%）；80 岁及以上=3（9.2%）	1.5189	0.65944	1	3
		性别	男=0（48.4%）；女=1（51.6%）	0.5161	0.50009	0	1
		民族	汉族=0（30.5%）；少数民族=1（69.5%）	0.6951	0.46069	0	1
		文化程度	小学以下=1（42.0%）；小学=2（40.3%）；初中=3（13.4%）；高中及以上=4（4.3%）	1.8014	0.82994	1	4
		健康状况	不好=1（19.3%）；一般=2（33.7%）；好=3（47.0%）；	2.2769	0.76621	1	3
	家庭特征	婚姻	无偶=0（36.4%）；有偶=1（63.6%）	0.6359	0.48153	0	1
		儿子数	0 个=1（10.6%）；1 个=2（40.4%）；2 个=3（30.9%）；3 个及以上=4（18.0%）	2.5636	0.90583	1	4
		女儿数	0 个=1（16.5%）；1 个=2（39.9%）；2 个=3（25.5%）；3 个及以上=4（18.2%）	2.4531	0.97099	1	4
		居住状况	不和子女同住=0（58.1%）；和子女同住=1（41.9%）	0.4185	0.49367	0	1
	经济特征	月收入	<200 元=1（30.5%）；200~499 元=2（20.0%）；500~999 元=3（24.9%）；≥1000 元=4（24.6%）	2.4364	1.16187	1	4
		养老保险	无=0（19.9%）；有=1（80.1%）	0.8011	0.39944	0	1
		医疗保险	无=0（3.2%）；有=1（96.8%）	0.9678	0.17657	0	1
		地区特征	近郊=0（53.0%）；远郊=1（47.0%）	0.4699	0.49944	0	1

二、变量的描述性统计分析

（一）自变量的描述性统计分析

由表 4-2 可知，在个体特征方面，超过一半的老人属于 70 岁以下的低龄老年人，女性老年人比例略高于男性老年人，少数民族老年人比例远高于汉族老年人，老年人文化水平普遍很低，身体状况不佳，认为身体状况好的老年人比例为 47.0%，认为身体状况一般及不好的老年人比例分别为 33.7%和 19.3%。在家庭特征方面，超过一半的老年人有配偶，有 1 个或 2 个儿子的老年人比例高于有 1 个或 2 个女儿的老年人比例，有 3 个及以上儿子的老年人比例与有 3 个及以上女儿的老年人比例基本一致，但有超过一半的老年人不和子女同住。在经济特征方面，有一半左右老年人的月收入在 500 元以下，有 80.1%的老年人拥有养老保险，有 96.8%的老年人拥有医疗保险。在地区特征方面，近郊地区老年人比例高于远郊地区老年人比例。

（二）因变量的描述性统计分析

由表 4-2 可知，针对社区居家养老三大服务的需求，对生活照顾有需求的老年人比例为 27.7%，对医疗保健有需求的老年人比例为 74.1%，对精神慰藉有需求的老年人比例为 56.1%。

三、分析方法

以生活照顾服务无需求、医疗保健服务无需求、精神慰藉服务无需求为参照类，通过二项 Logistic 模型分析各变量对因变量的影响。二项 Logistic 回归基本方程为

$$\text{Logit } P = \beta_0 + \sum_{i=1}^{k} \beta_i x_i$$

式中，因变量为对服务是否有需求（无=0，有=1），P 表示对服务需求的概率；x_i 为自变量，表示影响农村老年人社区居家养老服务需求的各个因素；β_i 为各自变量的回归系数；β_0 为常数项。若 β_i 为正数，则说明相应的

因素对服务需求有正向作用；反之，则说明相应因素对服务需求有负向作用。上述模型还可以估计老年人对社区居家养老服务有需求的概率与无需求的概率之间的比值，并分析某一自变量的变化所导致的比值变化，侧面显示该变量对因变量是否有显著影响。

第三节　结果分析

一、恩施市农村老年人社区居家养老服务的需求特征

由表4-1可知，恩施市农村老年人社区居家养老服务总体需求的均值为2.6，处于“不太需要”与“一般”之间，总体需求水平不高。在生活照顾、医疗保健以及精神慰藉三大服务类别中，需求水平的均值分别为1.9、3.2及2.6。可见，恩施市农村老年人对医疗保健服务的需求水平最高，处于“一般”与“比较需要”之间；对精神慰藉服务的需求次之，处于“不太需要”与“一般”之间；对生活照顾服务的需求最低，处于“不太需要”与“非常不需要”之间。

表4-1还显示了恩施农村老年人对各具体服务项目的需求水平，在生活照顾类服务各项目中，需求水平均值从高到低依次为行动不便时照顾(2.2)、帮助购物（1.9)、帮助洗衣服打扫卫生（1.8)、帮助做饭或送饭(1.6)，仅有行动不便时对照顾服务项目有较高需求。在医疗保健类服务各项目中，需求水平均值从高到低依次为定期体检（3.5)、健康咨询(3.2)、上门看病（3.1)、陪同看病（2.9)。可见，恩施市农村老年人对医疗保健类服务各项目的需求水平较高，特别是对定期体检服务的需求水平最高。在精神慰藉类服务各项目中，需求水平均值从高到低依次为提供棋牌场所（3.1)、提供跳舞健身场所（2.6)、陪同聊天（2.6)、心理咨询（2.2)，提供棋牌场所是恩施市农村老年人最为青睐的精神慰藉服务项目。

二、恩施市农村老年人社区居家养老服务需求的影响因素分析

针对恩施市农村老年人对生活照顾、医疗保健及精神慰藉三大类社区居家养老服务的需求，本章利用二项 Logistic 回归分析影响老年人居家养老服务需求的因素。在模型拟合优度方面，如果-2 倍对数似然值越小、Nagelkerke R^2越接近于 1，则模型的拟合度越好。此外，如果 Hosmer 和 Lemeshow 检验的 *Sig* 值大于 0. 05 的显著性水平，说明模型的拟合度较好。在表 4-3 各模型中，虽然 Nagelkerke R^2值均较小且-2 倍对数似然值都较大，但 Hosmer 和 Lemeshow 检验的 *Sig* 值都大于 0. 05 的显著性水平，说明各模型拟合度较好。虽然与 Nagelkerke R^2的结果不一致，但该结果是从统计检验的角度得到的，而 Nagelkerke R^2仅是描述性指标。[①] 此外，各模型总体模型卡方值的 *Sig* 为 0. 000，说明各模型是合理的。二项 Logistic 回归分析结果见表 4-3。

表 4-3　恩施市农村老年人社区居家养老服务需求影响因素的二项 Logistic 回归分析

变量（参照组）	生活照顾		医疗保健		精神慰藉	
	系数	发生比	系数	发生比	系数	发生比
年龄（60~69 岁）						
70~79 岁	0. 495**	1. 641	0. 548**	1. 730	0. 258	1. 295
80 岁及以上	0. 592	1. 808	1. 607***	4. 986	-0. 014	0. 986
性别（男）						
女	-0. 145	0. 865	0. 327*	1. 387	0. 116	1. 122
民族（汉族）						
少数民族	-0. 277	0. 758	-0. 311	0. 733	-0. 622***	0. 537
文化程度（小学以下）						
小学	-0. 162	0. 851	0. 451**	1. 571	0. 024	1. 024
初中	-0. 937**	0. 392	0. 109	1. 115	-0. 241	0. 786
高中及以上	-0. 786	0. 456	0. 086	1. 090	-0. 393	0. 675
身体状况（不好）						
一般	-0. 011	0. 989	0. 076	1. 078	-0. 124	0. 884

① 薛薇 . SPSS 统计分析方法及应用［M］. 3 版 . 北京：电子工业出版社，2013：224-227.

续表

变量（参照组）	生活照顾		医疗保健		精神慰藉	
	系数	发生比	系数	发生比	系数	发生比
好	-0.304	0.738	-0.656**	0.519	-0.090	0.914
婚姻状况（无偶）						
有偶	-1.056***	0.348	0.131	1.140	-0.167	0.846
儿子数（0个）						
1个	-0.097	0.908	-0.080	0.923	0.068	1.071
2个	-0.177	0.838	-0.264	0.768	-0.109	0.897
3个及以上	-0.546	0.579	-0.119	0.000	-0.468	0.626
女儿数（0个）						
1个	-0.198	0.821	-0.096	0.909	0.281	1.324
2个	-0.019	0.981	0.134	1.143	0.025	1.025
3个及以上	-0.215	0.807	0.051	1.053	0.381	1.464
居住状况（不和子女同住）						
和子女同住	-0.716***	0.489	-0.803***	0.448	-0.517***	0.596
月收入（<200元）						
200~499元	0.231	1.259	0.071	1.074	-0.031	0.969
500~999元	1.174***	3.235	0.223	1.250	1.157***	3.181
≥1000元	0.725**	2.065	0.612	1.844	0.383	1.467
养老保险（无）						
有	0.275	1.316	-0.240	0.787	0.267	1.306
医疗保险（无）						
有	-1.209**	0.298	-0.110	0.896	-0.645	0.524
地区特征（近郊）						
远郊	2.092***	8.102	0.748***	2.112	-0.598***	0.550
模型卡方值的 *Sig*	0.000		0.000		0.000	
-2倍对数似然值	603.215		719.729		904.500	
Nagelkerke R^2	0.407		0.180		0.125	
Hosmer 和 Lemeshow 检验的 *Sig* 值	0.908		0.506		0.712	

注：*、**、***分别表示在10%、5%、1%水平上统计显著。

（一）个体特征对恩施市农村老年人社区居家养老服务需求的影响

年龄对恩施市农村老年人生活照顾及医疗保健服务的需求具有显著影响，对医疗保健服务需求的影响尤为显著。70~79 岁老年人对生活照顾服务的需求是 60~69 岁老年人的 1.641 倍，80 岁及以上老年人对生活照顾服务的需求是 60~69 岁老年人的 1.808 倍。70~79 岁老年人对医疗保健服务的需求是 60~69 岁老年人的 1.730 倍，80 岁及以上老年人对医疗保健服务的需求是 60~69 岁老年人的 4.986 倍。性别对恩施市农村老年人医疗保健服务的需求有显著影响，与男性老年人相比，女性老年人对医疗保健服务的需求更多，是男性老年人的 1.387 倍。民族因素对恩施市农村老年人精神慰藉服务的需求有显著的影响，与汉族农村老年人相比，少数民族农村老年人对精神慰藉服务的需求要少，仅为前者的 0.537 倍。文化程度对恩施市农村老年人生活照顾及医疗保健服务的需求有较大影响，从发生比上看，文化程度越高的老年人对生活照顾服务的需求越少，且仅有初中文化的老年人对生活照顾服务的需求显著减少。这与假设不符，可能是文化程度越高的老年人，对生活要求越高，对生活照顾服务的质量持怀疑态度。文化程度对医疗保健服务需求有正向影响，但仅有小学文化的老年人对医疗保健服务有更多需求并通过了显著性检验，可能是农村老年人文化程度普遍不高，大多数老年人没上过学或只有小学文化程度。本书调查对象具有初中文化程度的老年人占 13.4%，具有高中及以上文化程度的老年人仅占 4.3%。身体状况对恩施市农村老年人医疗保健服务的需求有显著影响，自评健康状况好的老年人对医疗保健服务的需求是自评健康状况不好的老年人的 0.519 倍。

（二）家庭特征对恩施市农村老年人社区居家养老服务需求的影响

婚姻状况对恩施市农村老年人生活照顾服务的需求有显著的影响，有配偶的老年人对生活照顾服务的需求仅为无配偶老年人的 0.348 倍，需求明显减少。儿子数和女儿数对恩施市农村老年人各服务项目需求的影响均不显著，实证研究也证明子女对老年人的养老作用已经式微，子女的数量不再是影响老年人养老的关键因素。[①] 居住状况对恩施市农村老年人养老服务所有需求的影响都具有显著性，与子女同住的老年人对生活照顾、医疗保健及精神慰藉服务的需求分别为不与子女同住老年人的 48.9%、44.8%、59.6%。可见，和子女共同居住的恩施市农村老年人更可能得到子女的关心照料，对由社会提供的养老服务需求明显减少。

（三）经济特征对恩施市农村老年人社区居家养老服务需求的影响

月收入对恩施市农村老年人生活照顾和精神慰藉服务需求有一定影响，与月收入低于 200 元的农村老年人相比，月收入 500~999 元以及月收入 1000 元及以上的农村老年人对生活照顾服务的需求显著增加，且月收入 500~999 元的农村老年人对精神慰藉服务的需求也显著增加。养老保险对恩施市农村老年人任何养老服务需求的影响均不显著。医疗保险对恩施市农村老年人生活照顾服务的需求有显著影响，但具有医疗保险的老年人对生活照顾服务的需求低于无医疗保险的老年人。这与假设相反，可能是具有医疗保险的老年人有病不医的情况更少，在维护身体健康方面更具有优势，自我照顾能力更强。

（四）地区特征对恩施市农村老年人社区居家养老服务需求的影响

地区特征对恩施市农村老年人所有养老服务项目的需求都有显著影响。远郊农村老年人对生活照顾服务的需求是近郊农村老年人的 8.102 倍，远郊农村老年人对医疗保健服务的需求是近郊农村老年人的 2.112 倍。值得注意的是，远郊农村老年人对精神慰藉服务的需求却少于近郊农村老年人，仅为近郊农村老年人的 55%。可能是近郊农村在城市化进程中有大量土地被征用，农村老年人继续从事田间劳作的较少，有更多的时间参与棋牌、健身娱乐等活动。此外，由于近郊农村受城市影响更大，老年人更习惯于参与娱乐活动。

综合以上分析发现，个体特征中的年龄、性别、民族、文化程度、健康状况因素是影响恩施市农村老年人社区居家养老服务需求的重要方面，

---

① 慈勤英，宁雯雯．多子未必多福：基于子女数量与老年人养老状况的定量分析［J］．湖北大学学报哲学（社会科学版），2013（4）：69-74.

但文化程度对恩施市农村老年人生活照顾服务需求的影响与假设相反，假设 1 得到部分验证；家庭特征中的婚姻状况、居住状况因素是影响恩施市农村老年人社区居家养老服务需求的重要方面，特别是居住状况的影响非常显著，而儿子数和女儿数不是主要影响因素，假设 2 得到部分验证；经济特征中的月收入、有无医疗保险是比较重要的因素，但医疗保险对恩施市农村老年人生活照顾服务需求的影响与假设相反，假设 3 得到部分验证；地区特征是影响恩施市农村老年人社区居家养老服务需求的重要因素，远郊农村老年人对生活照顾服务、医疗保健服务有更多需求，近郊农村老年人则对精神慰藉服务有更多需求，假设 4 得到验证。

第四节　本章小结

整体上说，恩施市农村老年人对社区居家养老服务的需求水平不高。在三大类服务中，恩施市农村老年人对医疗保健服务的需求水平最高，其次是精神慰藉服务，对生活照顾服务的需求水平最低。在社区居家养老服务 12 个项目中，恩施市农村老年人对定期体检、健康咨询、上门看病、棋牌场所的需求较为强烈。

个体特征、家庭特征、经济特征及地区特征是影响恩施市农村老年人社区居家养老服务需求的主要因素。地区特征对恩施市农村老年人社区居家养老服务需求的影响尤为显著，所以在农村开展社区居家养老服务时应充分考虑农村的地域差异，因地制宜地开展。家庭特征中的居住状况对恩施市农村老年人社区居家养老服务需求的影响显著，在经济落后的山区农村，子女外出务工的情况非常多，导致越来越多的老年人无法和子女共同居住，成为“空巢”老年人。这些老年人的生活状况以及对社区居家养老服务的需求值得关注。此外，虽然个人特征中的性别因素对恩施市农村老年人社区居家养老服务需求的影响不显著，但考虑到女性老年人口增多，以及农村女性老年人长期以来受性别和城乡“二元化”双重影响，且对其弱势地位常常逆来顺受，故对其生活状况以及对社区居家养老服务的需求应加以关注。

值得注意的是，恩施市虽然是少数民族聚居地，但各民族长期交融，民族之间的生活习俗差异越来越小，民族因素对社区居家养老服务需求的影响程度有限。尽管如此，在开展社区居家养老服务时，还是应充分利用民族地区的文化传统和民族认同感，让其蕴含的团结、互助元素为发展社区居家养老服务事业提供良好的社会环境。

第五章

恩施市农村老年人社区居家养老服务需求的区域差异

恩施市地处武陵山区，区域内海拔差异大，加之各地受城镇化的影响程度不同，近郊农村和远郊农村呈现较大的区域差异。农村老年人由于获得的养老资源不均衡，因此对社区居家养老服务的需求也具有不同特点。这客观上要求开展农村社区居家养老服务要结合当地实情，因地制宜。为探求恩施市农村老年人社区居家养老服务需求的区域差异，本章从养老资源提供者的角度，从自我资源、家庭资源、社区资源、政府资源四个维度比较近郊、远郊农村老年人可获得的养老资源情况。基于此，本章还分析了近郊、远郊农村老年人社区居家养老服务需求的差异，以及家庭养老资源对近郊、远郊农村老年人社区居家养老服务需求的影响。

第一节　恩施市近郊、远郊农村老年人可获得的养老资源

一、养老资源的含义及分类

养老资源是指养老需要的一组可获得的条件，或者说能够支持老年生活的健康条件、人力条件、伦理条件、经济条件和时间条件的总和。这些“条件”之所以被界定为“资源”，归根结底是由老年生活的实际需要所决定的。①

根据老年人生活的需求层次，可将养老资源分为生存型养老资源、相

① 穆光宗．家庭养老制度的传统与变革［M］．北京：华龄出版社，2002：18-21.

互关系型养老资源以及发展型养老资源。生存型养老资源主要满足老年人的物质需要，以保证其基本生存需要；相互关系型养老资源既保障老年人的物质需要，也保障老年人基本的精神需要；发展型养老资源则是对保障老年人精神需要的升华，以求自我实现。①

根据养老资源的内容，可将养老资源分为经济资源、生活照料资源及精神慰藉资源。经济资源主要用于满足老年人生存的基本物质需要；生活照料资源主要用于满足老年人的日常生活照顾需要；精神慰藉资源主要用于满足老年人的情感需要。②

根据社会网络关系的强弱，可将养老资源分为强关系型养老资源和弱关系型养老资源。强关系型养老资源主要指子女对父母的供养、近亲属及朋友之间的互相帮助，自我养老可看作一种特殊的强关系型养老资源；弱关系型养老资源是与强关系型养老资源相对应的养老资源，如远亲的赠予、社会养老保险、商业养老保险等。

根据养老资源的来源渠道，可将养老资源分为制度型养老资源和非制度型养老资源。制度型养老资源是指由政府、企业、社区通过设立正式制度提供的养老资源，如社会养老保险、社会医疗保险、社会救助等；非制度型养老资源是指养老资源并不通过正式制度获取，而是基于孝道文化、社会习惯等形成的养老资源，如子女的赡养、亲属的照顾、邻里朋友间的帮助等。③

根据养老资源的提供者，可将养老资源分为自我资源、家庭资源、社区资源、政府资源、市场和社会资源。自我资源是指老年人自身所具有的养老资源，如收入、储蓄、房产、健康等；家庭资源主要指老年人所拥有的配偶、子女，受传统观念的影响，儿子往往是农村老年人重要的养老资源；社区资源包括通过血缘、地缘等形成的具有共同利益的群体及组织等，如社区的成员、社区提供的各种设施和服务；政府资源是指政府通过制度为老年人提供的养老资源，如政府的社会保障制度；市场和社会资源

① 杨守宝．“刘易斯转折点”上农村养老资源需求层次理论分析［J］．2010（1）：86-89.

② 刘春梅．农村养老资源供给及模式研究［D］．杨凌：西北农林科技大学，2013.

③ 王全美，张丽伟．基于社会网络理论的农村养老资源整合［J］．农村经济，2009（9）：100-103.

是指由企业、社会组织提供的养老资源，如企业提供的老年产品，社会公益慈善机构、志愿组织提供的老年服务。[①]

二、恩施市近郊、远郊农村老年人养老资源的差异

近郊农村是与其他偏远农村相对而言的，主要以城郊村和城乡接合部为主，有靠近城市的地缘优势。[②] 城乡接合部则是从传统的城郊村落转化而来的。[③] 城市化让城市近郊农村居民通过土地的出让获得较为可观的经济收益，个人、家庭及村集体对老年人经济和医疗有更多的支持，近郊农村老年人在“老有所养”和“老有所医”方面有了很大改善。[④] 然而，在城镇化进程中，近郊农村逐渐失去传统农村的人情风貌，特别是城乡接合部，往往混合了城市居民和农村居民，人口结构复杂，人口流动性大，传统村落中的血缘、亲缘、地缘等社会关系逐渐消失。[⑤] 同时，城乡接合部的失地农民面临着失业和社会保障不到位的压力，在消费水平不断上升的情况下，其生存保障能力不仅没有提升，反而下降了。[⑥]

近郊农村和远郊农村地域上的差异可能导致老年人在拥有的养老资源上存在差异。由于农村老年人获取市场和社会提供的养老资源极其有限，故主要从自我资源、家庭资源、社区资源、政府资源四个方面分析，并利用交叉表及卡方检验分析恩施市近郊、远郊农村老年人可获得养老资源的差异。其中，近郊农村老年人有效样本 377 个，远郊农村老年人有效样本 331 个。

---

① 庞亚威，朱运亮，李丽，等．人口老龄化和城镇化背景下农村养老资源的配置现状及问题研究［J］．江西农业学报，2016（10）：126-130.

② 江立华，谷玉良．近郊农村居民户籍制度改革与市民化路径探索［J］．学习与实践，2015（1）：85-93.

③ 田毅鹏，齐苗苗．城乡接合部“社会样态”的再探讨［J］．山东社会科学，2014（6）：30-35.

④ 路瑜．城市化进程中的大城市郊区农村老年人养老支持研究［D］．天津：南开大学，2014.

⑤ 杨亮承，鲁可荣．城市化进程中城郊型农村社区治理困境与策略选择［J］．农村经济，2015：（5）：98-102.

⑥ 姜爱华，马静．北京市城乡接合部社会保障的问题与对策研究［J］．中国行政管理，2012（8）：79-83.

（一）自我资源的差异

可从月收入、是否有养老积蓄、养老积蓄是否足够养老、慢性病数目、自理能力、焦虑感六方面反映恩施市农村老年人养老的自我资源，具体见表5-1。近郊农村老年人和远郊农村老年人的月收入存在显著差异。近郊农村月收入500~999元的老年人比例远远低于远郊农村，近郊农村月收入少于200元的老年人比例远远高于远郊农村老年人，近郊、远郊农村其他两个收入等级的老年人比例差异不大，可见近郊农村老年人的收入情况反而更差。可能是因为远郊农村未受到城市化影响，农村老年人不存在失地问题，田间劳作可给老年人带来一部分收入。而且，远郊农村老年人的子女外出务工更多，加之有的老年人还要抚养子女留在家里的孩子，所以子女可能给予更多货币支持。此外，近郊农村老年人觉得养老积蓄够养老的比例远远低于远郊农村老年人。一个重要的原因是，近郊农村老年人由于失地、再就业难等原因，经济收入有限，其征地补偿款也往往给予子女。加之近郊农村受城市辐射大，生活成本高，所以老年人即便有养老积蓄也觉得不够养老。失地问题及城市效应给近郊农村老年人带来的困扰值得关注。慢性病、是否具有自理能力可以反映老年人的躯体健康状况，是否有焦虑感可以反映老年人的心理健康状况。近郊农村老年人和远郊农村老年人在慢性病数目和是否有焦虑感方面具有显著差异。远郊农村老年人没有慢性病、只有1种慢性病的比例比近郊农村老年人低，而有2种慢性病、3种及以上慢性病的老年人比例则比近郊农村老年人高；远郊农村老年人偶尔有焦虑感和经常有焦虑感的比例均高于近郊农村老年人，说明远郊农村老年人的心理健康水平更低。总体上看，远郊农村老年人的身心健康不及近郊农村老年人。

表5-1　自我资源的差异

自我资源		近郊/%	远郊/%	显著性检验
月收入	<200元	42.0	17.6	$\chi^2=75.785$ $P=0.000$
	200~499元	19.0	21.1	
	500~999元	13.7	37.5	
	≥1000元	25.3	23.8	

续表

自我资源		近郊/%	远郊/%	显著性检验
是否有养老积蓄	无	54.4	55.4	$\chi^2=0.072$ $P=0.788$
	有	45.6	44.6	
养老积蓄是否够养老	不够	42.3	20.1	$\chi^2=19.737$ $P=0.000$
	够	56.0	74.5	
	不知道	1.7%	5.4	
慢性病	无	31.9	25.0	$\chi^2=8.299$ $P=0.040$
	1种	42.7	40.5	
	2种	16.6	22.3	
	3种及以上	8.7	12.2	
自理能力	完全没有	0.5	0.6	$\chi^2=0.185$ $P=0.912$
	部分有	9.5	10.4	
	完全有	90.0	89.0	
焦虑感	从不	56.2	42.3	$\chi^2=20.748$ $P=0.000$
	偶尔	40.9	48.8	
	经常	2.9	8.9	

（二）家庭资源的差异

可通过居住状况、子女经济供养、子女生活照顾，以及配偶生活照顾几方面来反映恩施市农村老年人养老的家庭资源。需要说明的是，子女有无对老年人进行经济供养是通过老年人的主要收入是否来自子女衡量的。因与子女同住的老年人不一定就能得到子女的生活照顾，不和子女同住的也不一定得不到子女的生活照顾，所以将子女对老年人的生活照顾情况分为不和子女住且无子女照顾4种、不和子女住但有子女照顾、和子女住但无子女照顾、和子女住且有子女照顾。此外，将配偶的照顾情况细分为无配偶（包括配偶死亡、未婚、离婚）、有配偶但无配偶照顾、有配偶且有配偶照顾3种。具体见表5-2。在居住状况方面，差异显著。远郊农村老年人一个人住及仅与配偶住的比例高达64.8%，而近郊农村老年人这一比例为35.4%。可见，远郊农村老年人的“空巢”化更为严重，和子女同住的比例远低于近郊农村老年人。此外，远郊农村老年人和未成年孙辈同住的比例比近郊农村老年人的高。子女外出务工是导致农村老年人“空巢化”最主要的原因，在问及老年人没有与子女同住的原因时，没有与子女共同居住的近郊农村老年人选择子女外出务工的比例为42.4%，没有与子女共同居住的远郊农村老年人选择子女外出务工的比例为68.4%。可见，远郊农村的“空巢”化更为严重，且年轻劳动力外迁是造成远郊农村老年人“空巢”的最主要原因。在子女的经济供养方面，近郊、远郊农村老年人没有显著差异。在子女的生活照顾方面，与近郊农村的老年人相比，不和子女住且无子女照顾的远郊农村老年人比例明显偏高，而不和子女住但有子女照顾、和子女住且有子女照顾的老年人比例则偏低，尤其是和子女住且有子女照顾的老年人比例明显偏低，且差异显著。在配偶的生活照顾方面，远郊农村老年人有配偶且得到照顾的比例更高，且差异显著。在远郊农村，由于年轻人外出务工情况更多，老年人不和子女同住的比例更高，更多的子女对父母的日常照顾处于缺位状态，老年人的配偶在这些方面承担了更多的责任。子女虽是农村老年人重要的家庭养老资源，但远郊农村老年人在这方面显然没有近郊农村老年人有优势。从这个角度看，远郊农村老年人的家庭养老资源不及近郊农村老年人。

表 5-2　家庭资源的差异

家庭资源		近郊/%	远郊/%	显著性检验
居住状况	一个人住	10.3	18.5	$\chi^2=94.328$ $P=0.000$
	仅和配偶住	25.1	46.3	
	和儿子同住	47.5	20.0	
	和女儿同住	10.0	4.5	
	和未成年孙辈住	2.4	8.7	
	其他居住方式	4.7	2.1	
子女经济供养	无	46.2	45.8	$\chi^2=0.008$ $P=0.927$
	有	53.8	54.2	
子女生活照顾	不和子女住且无子女照顾	32.6	67.5	$\chi^2=93.615$ $P=0.000$
	不和子女住但有子女照顾	10.1	8.1	
	和子女住但无子女照顾	7.7	5.7	
	和子女住且有子女照顾	49.6	18.7	

续表

家庭资源		近郊/%	远郊/%	显著性检验
配偶生活照顾	无配偶	38.8	30.7	$\chi^2=31.155$ $P=0.000$
	有配偶但无配偶照顾	24.5	12.8	
	有配偶且有配偶照顾	36.7	56.4	

（三）社区资源的差异

可以从就医的便捷性来反映恩施市农村老年人养老的社区资源。具体可通过村卫生室的距离最近和看病方便程度两个指标衡量，见表 5-3。近郊农村老年人距离村卫生室较近的比例明显高于远郊农村老年人，而远郊农村老年人距离村卫生室较远的比例明显高于近郊农村老年人。例如，近郊农村老年人与村卫生室距离为 500 米以内的比例为 31.4%，而远郊农村老年人为 17.9%；远郊农村老年人与村卫生室距离为 5 千米及以上的比例为 24.4%，而近郊农村老年人仅为 0.5%。由于恩施市属于山区，远郊农村地形复杂，村民居住较为分散，限制了村卫生室的合理布局。村卫生室是农村社区的一种资源，作为最基层的医疗卫生机构，承载了农村基本医疗功能。但是，远郊农村老年人拥有的这种最基层医疗资源还是比较欠缺的。此外，在看病的方便程度上差异也很明显。近郊农村老年人认为看病很不方便和不太方便的比例仅为 4.2%，远郊农村老年人则为 22.7%；近郊农村老年人认为比较方便和非常方便的比例高达 87.6%，远郊农村老年人则为 55.7%。造成远郊农村老年人看病不方便的原因很多，如山区地形导致村卫生室布局分散、地理位置偏远导致去市区医院时间长、成本高。总体上看，远郊农村老年人看病的便捷性远不如近郊农村老年人。

表 5-3　社区资源的差异

社区资源		近郊/%	远郊/%	显著性检验
村卫生室距离最近	500 米以内	31.4	17.9	$\chi^2=108.822$ $P=0.000$
	0.5~1.9 千米	47.5	33.6	
	2~4.9 千米	20.6	24.1	
	5 千米及以上	0.5	24.4	

续表

社区资源		近郊/%	远郊/%	显著性检验
看病方便程度	很不方便	0.5	6.3	$\chi^2 = 104.758$ $P = 0.000$
	不太方便	3.7	16.4	
	一般	8.2	21.7	
	比较方便	69.7	37.2	
	非常方便	17.9	18.5	

（四）政府资源的差异

可通过养老保险及医疗保险的参与情况来反映恩施市农村老年人养老的政府资源，具体见表5-4。近郊农村老年人和远郊农村老年人在医疗保险和养老保险上有显著差异。在医疗保险方面，无论近郊农村还是远郊农村，拥有医疗保险的老年人比例都很高，但与远郊农村老年人相比，近郊农村老年人拥有城乡居民基本医疗保险的比例更低，但有其他医疗保险的老年人比例更高。在养老保险方面，与远郊农村老年人相比，近郊农村拥有城乡居民基本养老保险的老年人比例更低，但拥有其他养老保险的老年人比例更高。可能由于调查对象中不少近郊农村老年人是被征地农民，根据《恩施州被征地农民参加基本养老保险实施办法》的规定，县、市人民政府为被征地农民提供一次性养老保险补偿，被征地时16~59岁的男性、16~54岁的女性可自愿选择参加城乡居民基本养老保险或城镇职工基本养老保险，被征地时60周岁及以上男性、55周岁及以上女性未参加城镇职工养老保险的，统一纳入城乡居民基本养老保险。在征地时未满60周岁的男性老年人和未满55岁的女性老年人，有可能选择参加城镇职工基本养老保险，而在笔者做调查时他们已年满60岁。因此，近郊农村老年人参加除城乡居民基本养老保险之外的其他养老保险的比例更高。此外，值得注意的是，还有不少农村老年人没有任何养老保险，且近郊农村老年人没有任何养老保险的比例高于远郊农村老年人。城乡居民基本养老保险是农村老年人最主要的养老保险，但较低的养老金待遇以及欠缺激励的缴费机制制约了农村老年人参保的积极性。对于近郊农村居民而言，更高的生活成本和消费水平使城乡居民基本养老保险有限的养老金难以发挥作用，从而导致近郊农村没有任何养老保险的老年人比例更高。

表 5-4 政府资源的差异

政府资源		近郊/%	远郊/%	显著性检验
养老保险	城乡居民基本养老保险	61.5	80.7	$\chi^2=31.624$ $P=0.000$
	其他养老保险	12.9	6.0	
	没有养老保险	25.6	13.4	
医疗保险	城乡居民基本医疗保险	87.1	94.0	$\chi^2=17.389$ $P=0.000$
	其他医疗保险	10.0	2.4	
	没有医疗保险	2.9	3.6	

综合以上，可得出以下结论。①在自我资源方面，恩施市近郊农村老年人的收入不及远郊农村老年人，即便有养老积蓄，更高的生活成本也导致积蓄不够养老。恩施市远郊农村老年人患有多种慢性病的比例高于近郊农村老年人，且偶尔有焦虑感和经常有焦虑感的老年人比例也都高于近郊农村老年人，说明恩施市远郊农村老年人的身心健康状况不及近郊农村老年人。②在家庭资源方面，在恩施市远郊农村，因年轻人大多外出务工，老年人不和子女同住的比例更高，子女对父母的日常照顾往往处于缺位状态。同时，子女是农村老年人最重要的家庭养老资源，所以恩施市远郊农村老年人的家庭养老资源不及近郊农村老年人。③在社区资源方面，恩施市远郊农村由于复杂的山区地貌，村卫生室的布局显然没有近郊农村有优势，故远郊农村认为看病不方便的老年人比例高于近郊农村老年人。说明恩施市远郊农村老年人的社区资源不及近郊农村老年人。④在政府资源方面，恩施市近郊农村和远郊农村具有医疗保险的老年人比例都非常高。但在养老保险上，无论是近郊农村还是远郊农村，都有相当比例的老年人没有任何养老保险，且近郊农村没有任何养老保险的老年人比例更高。

第二节 恩施市近郊、远郊农村老年人社区居家养老服务需求的差异

本节通过交叉表及卡方检验详细分析恩施市近郊、远郊农村老年人对社区居家养老各服务项目需求的差异，探析各自的需求特征。其中，近郊农村老年人有效样本 377 个，远郊农村老年人有效样本 331 个。

一、恩施市近郊、远郊农村老年人对生活照顾服务需求的差异

通过表 5-5 可知，在生活照顾服务需求上，远郊农村有需求的老年人比例明显更高。在具体服务项目方面，在近郊农村，对帮助做饭或送饭、帮助洗衣服打扫卫生、帮助购物 3 个服务项目有需求的老年人比例均不到 10%，即使对行动不便时照顾有需求的老年人比例稍高，也仅为 22.2%。在远郊农村，对 4 个服务项目有需求的老年人比例较高，但对帮助做饭或送饭有需求的老年人比例只有 25.3%，对帮助洗衣服打扫卫生和帮助购物有需求的老年人比例虽在 40%以上，但没有超过 50%，对行动不便时照顾有需求的老年人比例最高，达到了 59.8%。可见，在生活照顾类 4 个服务项目中，无论是近郊农村还是远郊农村，有需求的老年人比例都偏低，其中在远郊农村，对生活照顾类各服务项目有需求的老年人比例更高，且具有显著性。农村老年人对生活照顾类服务需求比例低可能与生活习惯有关系，大多数农村老年人只要身体条件允许都愿意自己做家务。同时，受传统思想影响，农村老年人不太接受亲人之外的其他人照顾。相对来说，远郊农村对生活照顾类服务有需求的老年人比例更高，尤其是对行动不便时照顾有需求的老年人比例更高，可能是远郊农村“空巢”老年人更多，更缺乏子女的照顾。远郊农村老年人一个人住或仅与配偶住的比例高达 64.8%，而近郊农村老年人这一比例为 35.4%。此外，远郊农村老年人和未成年孙辈同住的比例为 8.7%，而近郊农村老年人这一比例仅为 2.4%。

在远郊农村，山区特有的地形地貌让老年人外出购物不方便，所以远郊农村对帮助购物有需求的老年人比例较高。

表 5-5　近郊、远郊农村老年人对生活照顾服务的需求

服务项目及需求情况		近郊/%	远郊/%	显著性检验
生活照顾服务	无需求	91.6	50.6	$\chi^2=149.238$ $P=0.000$
	有需求	8.4	49.4	
帮助做饭或送饭	无需求	92.1	74.7	$\chi^2=38.869$ $P=0.000$
	有需求	7.9	25.3	
帮助洗衣打扫卫生	无需求	92.6	56.3	$\chi^2=127.395$ $P=0.000$
	有需求	7.4	43.7	
帮助购物	无需求	92.1	51.8	$\chi^2=147.253$ $P=0.000$
	有需求	7.9	48.2	
行动不便时照顾	无需求	77.8	40.2	$\chi^2=105.362$ $P=0.000$
	有需求	22.2	59.8	

二、恩施市近郊、远郊农村老年人对医疗保健服务需求的差异

由表 5-6 可知，在医疗保健服务方面，远郊农村有需求的老年人比例总体上仍然更高。在具体服务项目方面，近郊农村对医疗保健服务各项目有需求的老年人比例从高到低依次为定期体检（71.8%）、健康咨询（63.1%）、上门看病（55.9%）及陪同看病（44.6%）。除了陪同看病以外，对其他三项服务有需求的近郊农村老年人比例都超过了 50%。在远郊农村，对医疗保健服务各项目有需求的老年人比例最高的为定期体检，高达 89.3%；其次为上门看病，达到 83.0%；再次为健康咨询和陪同看病，均为 73.2%。可见，在医疗保健类各服务项目中，无论是近郊农村还是远郊农村，有需求的老年人比例都很高，且定期体检都为老年人的第一需求。但是，近郊农村和远郊农村对医疗保健服务各项目有需求的老年人比例有很大差异，体现为远郊农村对各服务项目有需求的老年人比例更高。尤其值得注意的是，在上门看病这个服务项目上，远郊农村有需求的老年人比例比近郊农村有需求的老年人比例高了 27.1%。这可能与远郊农村地区看病不便捷有关。

表 5-6 近郊、远郊农村老年人对医疗保健服务的需求

服务项目及需求情况		近郊/%	远郊/%	显著性检验
医疗保健服务	无需求	34.6	16.1	$\chi^2=31.759$ $P=0.000$
	有需求	65.4	83.9	
上门看病	无需求	44.1	17.0	$\chi^2=60.794$ $P=0.000$
	有需求	55.9	83.0	
陪同看病	无需求	55.4	26.8	$\chi^2=59.917$ $P=0.000$
	有需求	44.6	73.2	
定期体检	无需求	28.2	10.7	$\chi^2=34.160$ $P=0.000$
	有需求	71.8	89.3	
健康咨询	无需求	36.9	26.8	$\chi^2=8.415$ $P=0.004$
	有需求	63.1	73.2	

三、恩施市近郊、远郊农村老年人对精神慰藉服务需求的差异

由表 5-7 可知，在精神慰藉服务方面，近郊农村有需求的老年人比例略高，但差异不显著。在具体服务项目方面，在近郊农村，对精神慰藉服务各项目有需求的老年人比例从高到低依次为提供棋牌场所（68.6%）、提供跳舞健身场所（54.6%）、陪同聊天（43.0%）及心理咨询（26.6%）。在远郊农村，对精神慰藉服务各项目有需求的老年人比例从高到低依次为提供棋牌场所（53.9%）、陪同聊天（52.8%）、心理咨询（48.8%）及提供跳舞健身场所（43.5%）。在具体服务项目方面，近郊、远郊农村老年人的需求差异具有显著性。在提供棋牌场所和提供跳舞健身场所两个服务项目上，近郊农村有需求的老年人比例更高。在陪同聊天及心理咨询两个服务项目上，远郊农村有需求的老年人比例更高。尤其在心理咨询方面，远郊农村有需求的老年人比例比近郊农村有需求的老人比例高了 22.2%。

表 5-7 近郊、远郊农村老年人对精神慰藉服务的需求

服务项目及需求情况		近郊/%	远郊/%	显著性检验
精神慰藉服务	无需求	42.0	46.1	$\chi^2=1.263$ $P=0.261$
	有需求	58.0	53.9	
提供棋牌场所	无需求	31.4	46.1	$\chi^2=16.355$ $P=0.000$
	有需求	68.6	53.9	

续表

服务项目及需求情况		近郊/%	远郊/%	显著性检验
提供跳舞健身场所	无需求	45.4	56.5	$\chi^2=8.882$ $P=0.003$
	有需求	54.6	43.5	
陪同聊天	无需求	57.0	47.2	$\chi^2=6.886$ $P=0.011$
	有需求	43.0	52.8	
心理咨询	无需求	73.4	51.2	$\chi^2=37.496$ $P=0.000$
	有需求	26.6	48.8	

综合以上分析，发现恩施市近郊、远郊农村老年人对社区居家养老服务的需求存在差异。在生活照顾服务项目和医疗保健服务项目上，均是远郊农村老年人有更多的需求。在精神慰藉服务项目上，近郊农村老年人对提供棋牌场所和提供跳舞健身场所有更多的需求，远郊农村老年人对陪同聊天和心理咨询有更多的需求。

第三节 家庭养老资源对恩施市农村老年人社区居家养老服务需求的影响

恩施市近郊、远郊农村老年人对社区居家养老服务的需求存在差异。同时，恩施市近郊、远郊农村老年人的养老资源也具有较大差异。家庭养老资源对恩施市农村老年人养老服务发挥着重要作用，且在近郊、远郊农村具有显著差异。为此，本节着重研究家庭养老资源对恩施市农村老年人社区居家养老服务需求的影响。

一、理论假设

穆光宗（北京大学人口所教授）认为家庭养老表现为对生育资源、关系资源、经济资源和非经济资源的动员、开发和转化。生育资源，即拥有的子女，这是家庭养老的前提；关系资源，即代与代之间的关系，良好的代际关系是家庭养老质量的保障；经济资源包括子女对老年人的物质支持和货币支持；非经济资源主要指子女对老年人的关照。家庭养老主要为子女养老，但现实中，配偶的养老支持非常普遍，也属于家庭养老的范畴，只是处于次要地位。①

家庭养老资源不仅包括经济保障，还包含服务保障，涵盖人、财、物等各方面内容。② 家庭养老资源可从家庭规模、居住方式、婚姻、成员构成、子女状况等方面衡量，家庭成员是老年人最重要的照料资源，子女的经济支持是农村老年人的首要收入来源。③ 照料者人数作为家庭养老资源的核心要素，显著地影响老年人对社区居家养老服务的需求；随着家庭照料者人数的增加，老年人对社区居家养老服务的需求随之下降。④ 与不和子女同住的老年人相比，和子女同住的老年人能经常得到子女的照料。⑤ 家庭养老资源，尤其是子女给予的支持是农村老年人重要的养老资源，但随着家庭结构的变迁及人口流动，农村老年人的家庭养老资源不断减少，老年人生活照顾、情感慰藉问题日渐凸显，势必增加对社会提供的养老服务的需求。

受子女外出务工的影响，恩施市远郊农村老年人的家庭养老资源要少于近郊农村老年人的。但是，由于恩施市远郊农村受传统观念的影响更为深远，远郊农村老年人更加依赖传统的家庭养老，家庭养老资源对远郊农村老年人尤为重要。然而，即便在偏远农村，传统的家庭养老方式也会随着社会变迁悄然改变。

基于以上分析，提出两个假设：

假设 1：家庭养老资源是影响恩施市农村老年人社区居家养老服务需求的重要因素。

假设 2：家庭养老资源对恩施市近郊、远郊农村老年人社区居家养老

---

① 穆光宗．家庭养老制度的传统与变革［M］．北京：华龄出版社，2002：18-21.

② 黄秀女，伍德安．养老服务何去何从：对家庭养老资源的评价与思考［J］．江西财经大学学报，2015（6）：65-74.

③ 杜鹏，孙鹃娟，张文娟，等．中国老年人的养老需求及家庭和社会养老资源现状：基于 2014 年中国老年社会追踪调查的分析［J］．人口研究，2016（6）：49-61.

④ 史薇，谢宇．家庭养老资源对城市老年人居家养老服务需求的影响研究：以北京市为例［J］．西北人口，2014（4）：88-94.

⑤ 狄金华，魏利香，钟涨宝．老人居住模式与养老资源获取：对谢桂华研究的再检验［J］．北京社会科学，2014（5）：65-72.

服务需求的影响程度存在差异，即对远郊农村老年人更重要。

二、变量及模型的选取

（一）变量选取

分别以恩施市近郊农村老年人和远郊农村老年人为研究对象，有效样本分别为 377 个、331 个。

因变量为恩施市近郊、远郊农村老年人对社区居家养老服务的需求，具体为对生活照顾、医疗保健以及精神慰藉这三大类服务的需求。因此，因变量为二分变量，即无需求、有需求。

自变量为老年人的家庭养老资源，主要通过子女经济供养、子女生活照顾（结合居住状况），以及配偶生活照顾来反映。

鉴于老年人的社会人口学特征对社区居家养老服务需求有重要影响，将老年人的年龄、性别、民族、文化程度、健康状况及月收入作为控制变量。变量的定义及赋值见表 5-8。

表 5-8 变量的定义及赋值

变量		变量定义及赋值
因变量	生活照顾需求	无=0；有=1
	医疗保健需求	无=0；有=1
	精神慰藉需求	无=0；有=1
自变量	子女经济供养	无=0；有=1
	子女生活照顾	不和子女住且无子女照顾=1；不和子女住但有子女照顾=2；和子女住但无子女照顾=3；和子女住且有子女照顾=4
	配偶生活照顾	无配偶=1；有配偶无照顾=2；有配偶有照顾=3
控制变量	年龄	60~69 岁=1；70~79 岁=2；80 岁及以上=3
	性别	男=0；女=1
	民族	汉族=0；少数民族=1
	文化程度	小学以下=1；小学=2；初中=3；高中及以上=4
	健康状况	不好=1；一般=2；好=3
	月收入	<200 元=1；200~499 元=2；500~999 元=3；≥1000 元=4

（二）模型选取

基于各因变量为二分变量，将生活照顾服务无需求、医疗保健服务无需求及精神慰藉服务无需求作为参照类，利用二项 Logistic 模型分析剔除控制变量的影响时各自变量对因变量的作用。

三、实证分析

（一）家庭养老资源对恩施市近郊、远郊农村老年人生活照顾养老服务需求的影响

由表 5-9 可见家庭养老资源对恩施市近郊、远郊农村老年人生活照顾服务需求的影响。从模型卡方的 *Sig* 值，-2 倍对数似然值及 Nagelkerke R^2 来看，模型 I 的拟合优度不高，但从 Hosmer 和 Lemeshow 检验的 *Sig* 值来看，模型的拟合优度较好。模型Ⅱ的拟合优度较好。

在家庭养老资源方面，对恩施市近郊农村老年人生活照顾服务需求有显著影响的是子女的生活照顾（结合居住情况）及配偶的生活照顾。对恩施市远郊农村老年人生活照顾服务需求有显著影响的是子女的经济供养、子女的生活照顾（结合居住情况）及配偶的生活照顾。无论是恩施市近郊农村还是远郊农村，与不和子女住且无子女照顾的老年人相比，和子女同住且有子女照顾的老年人对生活照顾服务的需求更少；与无配偶的老年人相比，有配偶且有配偶照顾的老年人对生活照顾服务的需求更少。此外，在恩施市远郊农村，有子女给予经济供养的老年人对生活照顾服务的需求更多。

在控制变量方面，对恩施市近郊农村老年人生活照顾服务需求有显著影响的是年龄和月收入；对远郊农村老年人生活照顾服务需求有显著影响的是民族、文化程度和月收入。值得注意的是，恩施市远郊农村少数民族老年人对生活照顾服务的需求更少。受土家族文化的影响，土家族人看重家庭赡养。在恩施市远郊农村，少数民族老年人占比更高。如恩施市的新塘乡，少数民族人口占总人数的 75.8%，土家族人口占比达到 75.5%。

表 5-9　家庭养老资源对近郊、远郊农村老年人生活照顾养老服务需求的影响

变量（参照类）		模型Ⅰ—近郊		模型Ⅱ—远郊	
		系数	发生比	系数	发生比
子女经济供养	无				
	有	-0.104	0.901	1.179***	3.252
子女生活照顾	不和子女住且无子女照顾				
	不和子女住但有子女照顾	-1.264	0.283	0.112	1.118
	和子女住但无子女照顾	-0.008	0.992	-0.245	0.783
	和子女住且有子女照顾	-1.445***	0.236	-1.244***	0.288
配偶生活照顾	无配偶				
	有配偶但无配偶照顾	-0.507	0.602	-0.423	0.655
	有配偶且有配偶照顾	-1.469***	0.230	-1.412***	0.244
年龄	60~69岁				
	70~79岁	0.754*	2.125	0.468	1.596
	80岁及以上	1.176	3.243	0.164	1.178
性别	男				
	女	0.023	1.023	-0.306	0.737
民族	汉族				
	少数民族	0.061	1.063	-0.540*	0.582
文化程度	小学以下				
	小学	0.215	1.239	-0.171	0.843
	初中	-0.259	0.768	-1.171*	0.310
	高中及以上	0.315	1.370	-0.306	0.737
健康自评	不好				
	一般	-0.085	0.873	0.130	1.139
	好	-0.410	0.466	-0.341	0.711
月收入	<200元				
	200~499元	0.327	1.387	0.039	1.039
	500~599元	1.409**	4.091	0.739*	2.093
	≥1000元	0.277	1.320	0.580	1.786
常量		-1.769**	0.171	0.733	2.081
模型卡方值的 *Sig* 值		0.072		0.000	
-2 倍对数似然值		191.664		379.695	
Nagelkerke R^2		0.159		0.284	
Hosmer 和 Lemeshow 检验的 *Sig*		0.126		0.504	

注：*、**、***分别表示在10%、5%、1%水平上统计显著。

（二）家庭养老资源对恩施市近郊、远郊农村老年人医疗保健服务需求的影响

从表 5-10 可知家庭养老资源对恩施市近郊、远郊农村老年人医疗保健服务需求的影响。从模型卡方的 *Sig* 值，-2 倍对数似然值、Nagelkerke R^2以及 Hosmer 和 Lemeshow 检验的 *Sig* 值来看，两个模型的回归效果都较好。

在家庭养老资源方面，对恩施市近郊农村老年人医疗保健服务需求有显著影响的是子女的经济供养、子女的生活照顾（结合居住情况）；对恩施市远郊农村老年人医疗保健服务需求有显著影响的是子女的经济供养、子女的生活照顾（结合居住情况）、配偶的生活照顾。子女的经济供养对恩施市近郊、远郊农村老年人医疗保健服务需求影响的方向不一致。在恩施市近郊农村，有子女经济供养的老年人对医疗保健服务的需求更少；在恩施市远郊农村，有子女经济供养的老年人则对医疗保健服务的需求更多，且非常显著。可能因为恩施市近郊农村老年人受城市生活观念的影响更大，不愿依靠子女，只有经济能力受限者才会依靠子女。通过交互分析发现，在调查的恩施市近郊农村，收入主要来源于子女的老年人，月收入 500 元以下的占 63.3%；而在恩施市远郊农村，这一比例仅为 28.6%。可见，恩施市近郊农村自身经济条件有限的老年人，因不愿过多依赖子女的经济供养，有可能压制其对医疗保健的需求。但在恩施市远郊农村，受传统养老观念的影响，认为子女的经济供养是理所当然。子女的经济供养让老年人觉得在经济上更有保障，有条件享用医疗保健服务，从而对这方面服务的需求更大。无论是在恩施市近郊农村还是远郊农村，与不和子女住且无子女照顾的老年人相比，和子女同住且有子女照顾的老年人对医疗保健服务的需求更少，且对恩施市远郊农村老年人的影响更为显著。此外，在恩施市远郊农村，与无配偶的老年人相比，有配偶且有配偶照顾的老年人对医疗保健服务的需求明显更少。

在控制变量方面，对恩施市近郊农村老年人医疗保健服务需求有显著影响的是年龄、文化程度；对恩施市远郊农村老年人医疗保健服务需求有显著影响的是年龄、性别、民族、健康状况和月收入。值得注意的是，恩

施市远郊农村老年人健康状况自评越差的老年人对医疗保健服务的需求越多。恩施市远郊农村老年人的医疗资源不如近郊农村老年人，就医不方便，因此更希望社区提供医疗保健服务。

表 5-10 家庭养老资源对近郊、远郊农村老年人医疗保健服务需求的影响

变量（参照类）		模型Ⅰ	近郊	模型Ⅱ	远郊
		系数	发生比	系数	发生比
子女经济供养	无				
	有	-0.458*	0.623	1.428***	4.172
子女生活照顾	不和子女住且无子女照顾				
	不和子女住但有子女照顾	-0.015	0.985	-0.171	0.843
	和子女住但无子女照顾	-0.720	0.487	-1.298**	0.273
	和子女住且有子女照顾	-0.640**	0.527	-1.726***	0.178
配偶生活照顾	无配偶				
	有配偶但无配偶照顾	0.487	1.627	0.063	1.065
	有配偶且有配偶照顾	0.278	1.320	-1.089**	0.336
年龄	60~69岁				
	70~79岁	0.382	1.466	1.198***	3.313
	80岁及以上	1.883***	6.571	1.181*	3.257
性别	男				
	女	0.172	1.188	0.664*	1.942
民族	汉族				
	少数民族	-0.029	0.971	-1.231***	0.292
文化程度	小学以下				
	小学	0.505*	1.657	0.299	1.348
	初中	0.372	1.451	-0.401	0.670
	高中及以上	0.269	1.309	-0.489	0.613
健康状况	不好				
	一般	0.450	1.568	-0.586	0.556
	好	-0.351	0.704	-1.655***	0.191
月收入	<200元				
	200~499元	0.102	1.107	0.097	1.102
	500~599元	0.040	1.041	0.110	1.116
	≥1000元	0.497	1.643	0.847	2.332

续表

变量（参照类）	模型Ⅰ 系数	近郊 发生比	模型Ⅱ 系数	远郊 发生比
常量	0.371	1.449	3.127***	22.804
模型卡方值的 Sig 值	0.000		0.000	
-2 倍对数似然值	440.398		231.365	
Nagelkerke R^2	0.156		0.283	
Hosmer 和 Lemeshow 检验的 Sig 值	0.237		0.473	

注：*、**、***分别表示在10%、5%、1%水平上统计显著。

（三）家庭养老资源对恩施市近郊、远郊农村老年人精神慰藉服务需求的影响

由表5-11可见家庭养老资源对恩施市近郊、远郊农村老年人精神慰藉服务需求的影响。从模型检验的各项指标看，两个模型的回归效果都较好。

在家庭养老资源方面，对恩施市近郊农村老年人精神慰藉服务需求有显著影响的仅有子女的生活照顾（结合居住情况），即在近郊农村，与不和子女住且无子女照顾的老年人相比，和子女住且有子女照顾的老年人对精神慰藉服务的需求更少。对恩施市远郊农村老年人精神慰藉服务有显著影响的是子女的经济供养和配偶的生活照顾。在远郊农村，受传统养老观念的影响，子女的经济供养让老年人觉得更有保障，有条件享用精神慰藉服务，故对这方面的服务有更多的需求。此外，在恩施市远郊农村，与无配偶的老年人相比，有配偶且有配偶照顾的老年人对精神慰藉服务的需求更少。

在控制变量方面，对恩施市近郊农村老年人精神慰藉服务需求有显著影响的是性别、民族；对恩施市远郊农村老年人精神慰藉服务需求有显著影响的是民族、健康状况和月收入。值得注意的是，在精神慰藉服务各项目中，陪同聊天和心理咨询在恩施市远郊农村老年人中有更多需求。恩施市远郊农村老年人“空巢”化问题更为严重，对其心理健康产生一定负面影响。老年人的健康状况自评是老年人对自己身心健康的综合评价，而在恩施市远郊农村自评健康状况越差的老年人对陪同聊天、心理咨询这类精神慰藉服务的需求越多。

表 5-11　家庭养老资源对近郊、远郊农村老年人精神慰藉服务需求的影响

变量（参照类）		模型Ⅰ	近郊	模型Ⅱ	远郊
		系数	发生比	系数	发生比
子女经济供养	无				
	有	-0.056	0.945	0.993***	2.700
子女生活照顾	不和子女住且无子女照顾				
	不和子女住但有子女照顾	0.382	1.466	-0.102	0.903
	和子女住但无子女照顾	-0.405	0.667	-0.359	0.699
	和子女住且有子女照顾	-0.596**	0.551	-0.467	0.627
配偶生活照顾	无配偶				
	有配偶但无配偶照顾	0.488	1.629	-0.685	0.504
	有配偶且有配偶照顾	0.370	1.448	-1.031***	0.356
年龄	60~69 岁				
	70~79 岁	0.293	1.341	0.261	1.298
	80 岁及以上	0.233	1.263	-0.477	0.621
性别	男				
	女	0.515**	1.673	-0.237	0.789
民族	汉族				
	少数民族	-0.538**	0.584	-0.830***	0.436
文化程度	小学以下				
	小学	-0.088	0.916	0.291	1.338
	初中	-0.030	0.970	-0.176	0.838
	高中及以上	-0.496	0.609	-0.088	0.916
健康自评	不好				
	一般	0.359	1.431	-0.774**	0.461
	好	0.281	1.324	-0.652*	0.521
月收入	<200 元				
	200~499 元	-0.217	0.805	0.589	1.803
	500~599 元	0.303	1.353	2.063***	7.871
	≥1000 元	-0.295	0.744	1.713***	5.544
常量		0.287	1.332	0.292	1.339
模型卡方值的 *Sig* 值		0.044		0.000	
-2 倍对数似然值		483.979		370.607	
Nagelkerke R^2		0.101		0.306	
Hosmer 和 Lemeshow 检验的 *Sig* 值		0.487		0.445	

注：*、**、***分别表示在 10%、5%、1%水平上统计显著。

四、主要结论

家庭养老资源对恩施市农村老年人社区居家养老服务需求的影响，针对近郊农村老年人和远郊农村老年人两类不同群体，既有共同点，也存在差异。

在恩施市近郊农村，对老年人生活照顾服务需求有显著影响的是子女的生活照顾（结合居住情况）及配偶的生活照顾；在远郊农村，对老年人生活照顾服务需求有显著影响的是子女的经济供养、子女的生活照顾（结合居住情况）及配偶的生活照顾。

在恩施市近郊农村，对老年人医疗保健服务需求有显著影响的是子女的经济供养、子女的生活照顾（结合居住情况）；在远郊农村，对老年人医疗保健服务需求有显著影响的是子女的经济供养、子女的生活照顾（结合居住情况）、配偶的生活照顾。特别是子女的生活照顾（结合居住情况）对远郊农村老年人的影响更为显著。

在恩施市近郊农村，对老年人精神慰藉服务需求有显著影响的仅有子女的生活照顾（结合居住情况）；在远郊农村，对老年人精神慰藉服务需求有显著影响的是子女的经济供养及配偶的生活照顾。

总体而言，家庭养老资源对恩施市近郊、远郊农村老年人的社区居家养老服务需求都有影响，假设 1 得到验证。对近郊农村老年人而言，子女的生活照顾是影响其对生活照顾、医疗保健及精神慰藉服务需求的显著因素，和子女住且有子女照顾的老年人对这些服务的需求更少。对远郊农村老年人而言，子女的经济供养、配偶的生活照顾是影响其对生活照顾、医疗保健及精神慰藉服务需求的显著因素，有子女经济供养的老年人对三项服务的需求更多，有配偶且有配偶照顾的老年人对三项服务的需求更少。此外，子女的生活照顾是影响远郊农村老年人生活照顾、医疗保健服务需求的主要因素，且子女的生活照顾对其医疗保健服务需求的影响尤为显著，和子女住且有子女照顾的老年人对两项服务的需求更少。可见，家庭养老资源对恩施市远郊农村老年人社区居家养老服务需求的影响更大，假设 2 得到一定验证。说明家庭养老资源，尤其是源于子女的养老支持对恩施市远郊农村老年人养老发挥着难以替代的作用。有一个不容忽视的现实是，恩施市远郊农村的年轻劳动力外出务工现象更普遍，远郊农村的“空心化”问题更为严重，传统的家庭养老因此受到越来越大的挑战。

值得注意的是，民族因素对恩施市远郊农村老年人社区居家养老服务的需求有显著的影响。在恩施的远郊农村，少数民族，尤其是土家族居民占比高。受土家族传统孝文化的影响，土家族农村老年人对社区居家养老这样的社会化养老服务需求明显更少。但恩施市远郊农村日益严重的“空巢”化问题客观上要求大力发展社会化的养老服务，同比结合远郊农村的实际情况开展社区居家养老服务势在必行。

第四节　本章小结

首先，本章基于养老资源提供者的角度，从自我资源、家庭资源、社区资源、政府资源四个维度比较了恩施市近郊、远郊农村老年人的养老资源。整体而言，恩施市远郊农村老年人可获得的健康资源、家庭资源，以及社区资源不及恩施市近郊农村老年人。同时，恩施市近郊农村农民失地问题、养老保障覆盖问题，以及城市效应给老年人带来的影响值得关注。

其次，本章分析了恩施市近郊、远郊农村老年人对社区居家养老服务需求的差异。总体上，远郊农村老年人对生活照顾服务各项目和医疗保健服务各项目均有更多需求。在精神慰藉服务方面，近郊农村老年人对提供棋牌场所和提供跳舞健身场所有更多需求，远郊农村老年人对陪同聊天和心理咨询有更多需求。

再次，本章分析了家庭养老资源对恩施市近郊、远郊农村老年人社区居家养老服务需求的影响。结果显示，家庭养老资源对近郊、远郊农村老年人社区居家养老服务需求都有影响，且对远郊农村老年人有更大的影响，但远郊农村传统的家庭养老方式因年轻劳动力的外迁正遭受越来越大的挑战。此外，值得注意的是，民族因素对远郊农村老年人社区居家养老服务的需求有显著影响。

最后，指出正视区域差异，结合农村各区域的实际情况，因地制宜地开展社区居家养老是充分发挥其效能的关键。

第六章

恩施市农村老年人社区居家养老服务需求的群体差异

社会养老服务的有效开展，弱势群体的养老问题不可忽视。在广大农村地区，尤其是落后、偏远的山区农村，存在“空巢”老年人和女性老年人两类弱势群体。随着农村日益“空心化”，“空巢”老年人数量迅速增加，“空巢”老年人失去传统的家庭养老支持，面临着诸多养老问题。此外，女性老年人预期寿命较长，女性老年人口增加，加之农村女性老年人因受性别和城乡“二元化”双重影响，养老面临着更多的不确定性因素。因此，研究恩施市农村老年人社区居家养老服务需求的群体差异，“空巢”老年人和女性老年人无疑是不可回避的两个群体。

第一节　恩施市农村“空巢”老年人的生活状况及其对社区居家养老服务的需求

本书所指的“空巢”家庭包括广义的“空巢”家庭及隔代“空巢”家庭。广义的“空巢”家庭既包括与子女分开居住的家庭，也包括无子女（包括子女死亡）的家庭。隔代“空巢”家庭，即老年人和未成年孙子女共同生活的祖孙隔代家庭，这种情况在农村尤为多见。生活在“空巢”家庭的老年人即为“空巢”老年人。基于此，本书所指的“空巢”老年人包括与子女分开居住的老年人、无子女（包括子女死亡）的老年人以及和未成年孙辈共同生活的老年人，总共414名，占调查老年人总人数的58.1%。

一、恩施市农村“空巢”老年人产生的原因

（一）人口生育率下降

从20世纪60年代开始国家倡导计划生育，随着人们生育观念的转变，我国人口生育率自70年代以来不断下降。[①] 湖北恩施、甘肃酒泉、河北承德等农村地区从80年代开始成为“两胎加间隔”试点地区，这些试点地区的人口生育水平近似甚至是低于周边地区，也低于政策规定的生育水平。[②] 恩施农村作为试点区，农村双子女、独生子女家庭自80年代开始持续增加，家庭规模不断小型化和核心化。在本书调查对象中，80岁及以上老年人的子女平均数为4.2个，70~79岁老年人的子女平均数为3.5个，60~69岁老年人的子女平均数则为2.8个。60~69岁的老年人在80年代恰好处于生育期，而80年代实施的强制性计划生育政策影响了这一代人生育子女的数量。农村子女成年后多数有与父母分家的习惯，使得以往农村常见的主干家庭和联合家庭越来越少，更多为夫妻家庭或核心家庭。

（二）农村劳动力转移

改革开放以来，除了通过参军、外出求学等传统方式外，外出务工或经商逐渐成为劳动力转移的最主要方式。[③] 在工业化、城镇化进程中，农村特别是落后地区农村的青壮年劳动力外出务工现象日渐增多，这是农村出现“空巢”家庭和“空巢”老年人最主要的原因。恩施市第六次人口普查有关户籍人口的数据显示，以沙地乡为例，外出半年以上人口占其总人口的比重高达27.7%，而沙地乡管辖下的沙地居委会，这一比例更是高达45.4%。[④] 在本书的调查对象中，有58.8%的老年人表示，由于子女外出务工导致其不能和子女共同居住。虽然子女的外出务工让老年人常年独自

---

① 穆光宗．人口生态重建［M］．北京：中国科学技术出版社，2016：2-4.

② 穆光宗．“全面二孩”政策实施效果和前景［J］．中国经济报告，2017（1）：24-26.

③ 宋斌文．农村劳动力转移对农村老龄化的影响及其对策建议［J］．公共管理学报，2004（2）：74-79.

④ 恩施市统计局．各地区分性别的户籍人口状况［EB/OL］．［2014-06-30］．http://www.estjj.gov.cn/uploadfile/2014/table/T1-03.htm.

居住，但当问及有子女外出务工的老年人是否支持子女外出务工时，有94.8%的老年人表示支持，仅有1.9%表示不支持，另外还有3.4%的老年人表示不好说。对于落后的山区农村，青壮年劳动力选择外出务工是改变自己乃至家庭经济状况的最好选择，外出务工的收入远高于在家务农的收入。因此，即便常年见不到子女，老年人也支持子女外出务工。

（三）思想变化导致农村老年人居住偏好的改变

随着社会的发展，很多农村老年人的养老观念逐渐发生变化。为避免两代人共同居住时因生活习惯、思想观念不同而产生矛盾，自愿选择和子女分开居住。此外，即便子女在城市有了自己的住房，并愿意与父母同住，许多农村老年人也会因为不习惯城市的生活方式、舍不得乡里乡亲而选择继续留在农村生活。在本书的调查对象中，有30.7%的“空巢”老年人表示不愿意和子女共同居住。

二、恩施市农村“空巢”老年人的生活状况

（一）子女的经济供养不足

由表6-1可知，对于恩施市农村老年人的收入来源，“空巢”老年人的收入来源位于前三位的分别是劳动收入、子女给予、养老金，非“空巢”老年人的收入来源位于前三位的则是子女给予、养老金、劳动收入。可见，在恩施市农村“空巢”老年人中，虽然子女外出务工挣钱的情况很多，但子女给予的经济支持并没有成为其首要的收入来源，主要还是靠劳动收入生活。经济发达地区的农村“空巢”老年人，往往以子女的经济供养为主。[①] 但对于中西部落后地区的农村“空巢”老年人，经济收入主要来源于劳动所得，子女给予的经济支持非常少。[②] 同时，中西部地区农村“空巢”老年人的经济供养主要来源于自己劳动和子女经济支持的方式存

---

① 陈建兰．经济较发达地区农村空巢老人养老问题实证研究：以苏州农村为例［J］．中国农村观察，2009（4）：47-56.

② 焦克源，孔倩文．农村空巢老人的养老现状、问题与出路：基于内蒙古卓资县的调查［J］．广东农业科学，2011（15）：190-193.

在危机，表现为前者难以维持，后者极不稳定。① 恩施市位于中西部山区，农村“空巢”老年人的经济供养存在同样的问题，养老金不足以支持老年人的生活，而子女的经济支持有限。因此，只要有劳动能力，老年人都会尽量通过自己的劳动获取经济收入。

表 6-1 “空巢”、非“空巢”老年人的经济来源（复数选答） 单位：应答数,%

	自己劳动	子女给予	养老金	最低生活保障	其他
“空巢”老年人	243（33.1）	205（27.9）	198（26.9）	34（4.6）	55（7.5）
非“空巢”老年人	101（22.5）	180（40.1）	119（26.5）	22（4.9）	27（6.0）

（二）子女的生活照料缺位

表 6-2 通过老年人的日常生活由谁照顾反映了“空巢”、非“空巢”老年人在生活照顾方面的差异。在恩施市农村“空巢”老年人中，选择日常生活由配偶照顾的比例为 54.0%，自我照顾的比例为 22.2%，而选择由子女照顾的比例仅为 18.5%；在恩施市农村非“空巢”老年人中，选择日常生活由配偶照顾的比例为 18.6%，自我照顾的比例为 4.6%，但选择由子女照顾的比例则高达 72.6%。可见，在恩施市农村，与非“空巢”老年人相比，“空巢”老年人日常生活中由子女进行照料的比例明显更少。如前文所述，在经济不发达的山区农村，年轻劳动力外出务工是“空巢”老年人形成的最主要原因，这导致相当数量的“空巢”老年人在日常生活中难以得到子女的照顾，只能依靠配偶照顾或自我照顾，这在一定程度上增加了“空巢”老年人的养老风险。“空巢”老年人只有保障网络风险最小化，生活质量才能得到保证，这样的网络至少需要两个条件：一是老年人身体健康，有较强的自理能力；二是发生意外时能得到来自家庭和社区的及时帮助，如儿女住得很近或者所居住社区有很好的养老服务设施。② 在本书的调查对象中，认为自己身体“很差”“比较差”及“一般”的“空巢”老年人比例总共为 52.4%，认为自己身体“比较好”及“很好”的“空巢”老年人比例总共为 47.6%。可见，恩施市农村“空巢”老年人的

---

① 侯蔺．我国农村空巢老年人问题研究现状与评述［J］．老龄科学研究，2015（9）：52-61.

② 穆光宗．家庭养老制度的传统与变革［M］．北京：华龄出版社，2002：205-206.

身体健康状况堪忧。有研究表明，“看病无人陪、有病无人管”是农村“空巢”老年人生活中最困难的事情。① 此外，恩施市农村的社区建设滞后，老年服务更是空白。因而，恩施市农村“空巢”老年人无法生活在风险最小化的保障网络中，生活质量自然受到影响。

表 6-2　“空巢”、非“空巢”老年人的生活照顾（复数选答）　单位：应答数，%

	配偶	儿子	女儿	孙子女	亲戚朋友	其他人员	自己
“空巢”老人	261（54.0）	50（10.4）	39（8.1）	7（1.4）	8（1.7）	11（2.3）	107（22.2）
非“空巢”老人	76（18.6）	207（50.6）	90（22.0）	10（2.4）	4（1.0）	3（0.7）	19（4.6）

（三）子女的情感慰藉欠缺

表 6-3 显示了恩施市农村老年人有心事向谁诉说最多的情况，在一定程度上反映了子女给予老年人的精神慰藉。在“空巢”老年人中，有 63.3%的老年人表示向配偶诉说最多，有 12.6%的老年人表示向子女诉说最多。而在非“空巢”老年人中，有 34.2%的老年人表示向配偶诉说最多，有 44.0%的老年人表示向子女诉说最多。可见，在恩施市农村，与非“空巢”老年人相比，“空巢”老年人有心事向子女诉说最多的比例明显更低。另根据表 6-4 可知，与农村非“空巢”老年人相比，偶尔以及经常有孤独感的农村“空巢”老年人比例高。很明显，农村“空巢”老年人难以得到子女的情感支持，更容易感到孤单。有研究表明，农村劳动力的外迁使得农村“空巢”老年人的家庭精神养老支持被削弱。② 精神赡养不仅是老年人的角色需要，还是养老需要及健康需要。③ 在本书的调查中，在被问及希望得到子女哪些支持时，选择希望得到子女精神支持的“空巢”老年人比例最高，为 52.1%；其次为子女的照料支持，为 32.5%；最后是子女的经济支持，为 15.3%。可见，对于恩施市农村“空巢”老年人，其子

① 姚引妹．经济较发达地区农村空巢老人的养老问题：以浙江农村为例［J］．人口研究，2006（6）：38-46.

② 周湘莲，周勇．农村空巢老人精神养老问题研究［J］．湖南科技大学学报（社会科学版），2014（4）：101-106.

③ 刘桂莉．养老支持力中的“精神赡养”问题：试以“空巢家庭”为例［J］．南昌大学学报（人文社会科学版），2003（1）：26-31.

女给予的情感慰藉是欠缺的，老年人希望能得到子女的情感支持。

表 6-3 "空巢"、非"空巢"老年人的诉说对象 单位：人，%

	配偶	子女	亲朋好友	其他人	无人诉说	无心事
"空巢"老年人	262（63.3）	52（12.6）	31（7.5）	13（3.1）	51（12.3）	5（1.2）
非"空巢"老年人	102（34.2）	131（44.0）	20（6.7）	5（1.7）	35（11.7）	5（1.7）

表 6-4 "空巢"、非"空巢"老年人的孤独感 单位：人，%

	从不	偶尔	经常	合计
"空巢"老年人	169（40.8）	199（48.1）	46（11.1）	414（100.0）
非"空巢"老年人	142（47.7）	138（46.3）	18（6.0）	298（100.0）

三、恩施市农村"空巢"老年人的生活满意度

（一）研究假设

生活满意度是一种主观感受，是个人对生活的一种主观综合评价，是反映老年人生活质量的一个最终指标。① 在恩施市农村，"空巢"老年人与非"空巢"老年人的生活满意度是否存在差异？哪些因素影响老年人的生活满意度？哪些因素影响大？以下重点针对这些问题进行分析。

在恩施市农村，与非"空巢"老年人相比，"空巢"老年人面临子女经济供养不足、子女生活照顾缺位以及子女精神慰藉缺失的生活困境。为此，提出假设1：恩施市农村"空巢"老年人的生活满意度低于非"空巢"老年人。

年龄对生活满意度的正向作用超过了负向作用，老年人年龄越大，对生活越满意。② 配偶对老年人的生活满意度有较大的正向影响。③ 总体上，老年人的经济状况和健康状况依然是影响生活质量的重要因素。④ 此外，

---

① 姚远．重视非正式支持，提高老年人生活质量［J］．人口与经济，2002（5）：45-48.

② 骆为祥，李建新．老年人生活满意度年龄差异研究［J］．人口研究，2011（6）：51-61.

③ 贺寨平．社会经济地位、社会支持网与农村老年人身心状况［J］．中国社会科学，2002（3）：135-148.

④ 金岭．老年人生活满意度的影响因素及其比较分析［J］．人口与经济，2011（2）：85-91.

女性老年人，尤其是农村女性老年人往往处于多重弱势地位，对生活的满意度低。为此，提出假设2：恩施市农村老年人生活满意度受社会人口因素的影响，男性、有配偶、身体健康的农村老年人，年龄越大文化程度高及收入越高的，生活满意度越高。

从来源来讲，社会支持包括正式社会支持和非正式社会支持，正式社会支持包括国家的社会保障制度、社区正式组织的帮助等，非正式社会支持则主要来自家庭、亲戚、邻里、朋友、同龄群和老同事等。[①] 正式社会支持和非正式社会支持对农村老年人的生活满意度均有积极的增益作用。[②] 在正式社会支持中，新农保和新农合是农村老年人最主要的正式社会支持。新农保的基础养老金虽然不足以支持大多数农村老年人的生活开支，但在一定程度上可缓解老年人的经济压力，减少老年人的劳动负荷并改善老年人的生活质量。[③] 老年人是医疗资源的重要需求者，完善的医疗制度以及医疗保险全覆盖能明显提高老年人的幸福感。[④] 非正式社会支持中，子女是农村老年人最重要的非正式社会支持提供者。子女的经济支持，代际间双向的家务帮助及情感支持能提高农村老年人的生活满意度。[⑤] 农村老年人对晚年生活质量的评价在很大程度上会受子女日常照料情况影响，生病时有子女照顾的农村老年人，其生活满意度更高。[⑥] 因此，提出假设3：恩施市农村老年人生活满意度受社会支持因素影响，有养老保险、医疗保险，子女提供经济支持、照顾支持及情感支持的农村老年人，生活满意度更高。

---

① 张友琴．老年人社会支持网的城乡比较研究：厦门市个案研究［J］．社会学研究，2001（4）：11-21.

② 方黎明．社会支持与农村老年人的主观幸福感［J］．华中师范大学学报（人文社会科学版），2016（1）：54-63.

③ 宁满秀，叶菲菲．养老金收入对农村老年人生活满意度影响研究［J］．电子科技大学学报（社会科学版），2016（1）：13-19.

④ 亓寿伟，周少甫．收入、健康与医疗保险对老年人幸福感的影响［J］．公共管理学报，2010（1）：100-107.

⑤ 王萍，李树茁．代际支持对农村老年人生活满意度影响的纵向分析［J］．人口研究，2011（1）：44-52.

⑥ 高歌，高启杰．农村老年人生活满意度及其影响因素分析：基于河南省叶县的调研数据［J］．中国农村观察，2011（3）：61-68.

（二）变量选取

在此，以本书调查的所有农村老年人为研究对象，有效样本 705 个。本章关注的因变量为农村“空巢”老年人的生活满意度，生活满意度分为不满意（包括很不满意、不太满意、一般）和满意（包括比较满意、非常满意）两个等级。

协变量包括农村老年人的社会人口学特征变量和社会支持变量。社会人口学特征变量包括年龄、性别、婚姻、文化程度、健康状况及月收入。需要说明的是，由于对生活满意的高中及以上文化程度的老年人比例是 100%，所以将高中及以上文化与初中文化合并，在本章，文化程度为 3 个等级，即小学以下、小学、初中及以上。社会支持变量包括养老保险、医疗保险等正式社会支持，以及子女的经济支持、照料支持、情感支持等非正式社会支持。具体而言，子女的经济支持通过老年人的主要经济来源有无子女给予来衡量，子女的照顾支持通过老年人的日常生活有无子女照顾来衡量，子女的情感支持通过老年人有心事是否向子女诉说来衡量。各变量的界定见表 6-5。

表 6-5　变量的定义及赋值

变量			变量定义及赋值
因变量	生活满意度		不满意=0；满意=1
协变量	社会人口学特征变量	年龄	60~69 岁=1；70~79 岁=2；80 岁及以上=3
		性别	男=0；女=1
		婚姻	无偶=0；有偶=1
		文化程度	小学以下=1；小学=2；初中及以上=3
		健康状况	不好=1；一般=2；好=3
		月收入	<200 元=1；200~499 元=2；500~999 元=3；≥1000 元=4
	社会支持变量	养老保险	无=0；有=1
		医疗保险	无=0；有=1
		子女经济支持	无=0；有=1
		子女照顾支持	无=0；有=1
		子女情感支持	无=0；有=1

（三）统计模型

生活满意度作为因变量是二分类变量，故通过二项 Logistic 模型进行分析。为考察恩施市农村“空巢”、非“空巢”老年人生活满意度的差异，并探讨社会人口特征和社会支持对恩施市农村老年人生活满意度的影响，设立 4 个模型。模型Ⅰ主要考察恩施市农村“空巢”老年人和非“空巢”老年人在生活满意度上的差别；模型Ⅱ在模型Ⅰ的基础上增加社会人口学特征变量，考察恩施市农村“空巢”老年人和非“空巢”老年人生活满意度的变化及社会人口学特征对生活满意度的影响；模型Ⅲ在模型Ⅰ的基础上增加社会支持变量，考察恩施市农村“空巢”老年人和非“空巢”老年人生活满意度的变化及社会支持变量对生活满意度的影响；模型Ⅳ为全模型，将社会学人口特征变量和社会支持变量全部纳入，综合考察恩施市农村“空巢”老年人和非“空巢”老年人生活满意度的差异及其影响因素。

（四）分析结果

由表 6-6 可知，从 Nagelkerke R^2的值来看，模型Ⅳ最大，说明模型Ⅳ的拟合程度最好。

模型Ⅰ中，农村“空巢”老年人对生活满意的概率为非“空巢”老年人的 47.6%。可见，在恩施市农村，“空巢”老年人对生活不满意。

模型Ⅱ在模型Ⅰ的基础上纳入了社会人口学特征变量，农村“空巢”老年人对生活满意的概率为非“空巢”老年人的 39.6%。农村“空巢”老年人与非“空巢”老年人生活满意度的差异略有增大。在社会人口学特征变量中，性别、婚姻、健康状况、文化程度及月收入对农村老年人的生活满意度有显著影响。有配偶、健康状况越好、文化程度越高的农村老年人对生活的满意度越高。与假设相反的是，农村女性老年人的生活满意度更高，可能因为农村女性老年人不愿意表达自己的真实想法，即便生活不是很满意也保持沉默或刻意隐瞒。此外，与月收入低于 200 元的老年人相比，月收入 200~499 元以及 500~999 元的老年人对生活的满意度更低；但月收入 1000 元及以上的农村老年人对生活的满意度更高，只是不显著。可能因为月收入 200~499 元以及 500~999 元的农村老年人有一种“低不成高不就”的心态，对生活的满意度反而更低。

模型Ⅲ在模型Ⅰ的基础上纳入了社会支持变量，农村“空巢”老年人对生活满意的概率为非“空巢”老年人的62.5%。农村“空巢”老年人与非“空巢”老年人生活满意度的差异变小，且显著程度降低，说明模型Ⅰ中农村“空巢”老年人和非“空巢”老年人生活满意度的差异在很大程度上来自社会支持的差异。在正式社会支持方面，有养老保险、医疗保险的农村老年人对生活更满意，且影响具有显著性。在非正式社会支持方面，子女的经济支持对农村老年人的生活满意度有负向影响，且具有一定显著性。可能因为有子女经济支持的农村老年人大多处于经济不独立状态，让其生活满意度降低。子女的照料支持虽然对农村老年人的生活满意度有正向影响，但不具有显著性。子女的情感支持对农村老年人的生活满意度有正向影响，且具有很强的显著性，可见子女给予的精神慰藉对农村老年人非常重要。

模型Ⅳ综合考虑了社会人口学特征变量和社会支持变量，农村“空巢”老年人对生活满意的概率为非“空巢”老年人的61.5%，且差异不再显著。与只纳入了社会人口学特征变量的模型Ⅱ相比，生活满意度发生比变化非常大；但与模型Ⅲ相比，生活满意度发生比的变化较小。说明与模型中的社会人口学特征变量相比，社会支持变量对农村老年人生活满意度的影响更大。在模型Ⅳ中，性别对农村老年人生活满意度的影响不再显著。婚姻、健康状况及文化程度对农村老年人生活满意度仍然有显著正向影响。收入对农村老年人生活满意度的影响仍与模型Ⅱ中的影响类似，且对月收入1000元及以上的农村老年人生活满意度的影响变得显著。此外，医疗保险和子女的情感支持仍对农村老年人的生活满意度有显著的促进作用。

表6-6　生活满意度二项Logistic模型分析结果

变量（参照组）		模型Ⅰ		模型Ⅱ		模型Ⅲ		模型Ⅳ	
		系数	发生比	系数	发生比	系数	发生比	系数	发生比
居住方式	非“空巢”								
	“空巢”	−0.742***	0.476	−0.927***	0.396	−0.470*	0.625	−0.487	0.615

续表

变量（参照组）		模型Ⅰ 系数	模型Ⅰ 发生比	模型Ⅱ 系数	模型Ⅱ 发生比	模型Ⅲ 系数	模型Ⅲ 发生比	模型Ⅳ 系数	模型Ⅳ 发生比
年龄	60~69岁								
	70~79岁			0.252	1.287			0.247	1.280
	80岁及以上			0.508	1.662			0.287	1.332
性别	男								
	女			0.485**	1.625			0.272	1.313
婚姻	无配偶								
	有配偶			0.848***	2.335			1.200***	3.322
健康	不好								
	一般			0.864***	2.373			0.960***	2.612
	好			1.750***	5.757			1.848***	6.349
文化	小学以下								
	小学			0.313	1.367			0.066	1.068
	初中及以上			1.067***	2.905			0.969***	2.636
月收入	<200元								
	200~499元			-0.564**	0.569			-0.543*	0.581
	500~999元			-0.635**	0.530			-0.603**	0.547
	≥1000元			0.521	1.884			0.574*	1.776
养老保险	无								
	有					0.474**	1.606	0.330	1.391
医疗保险	无								
	有					1.944***	6.988	2.112***	8.262
子女经济支持	无								
	有					-0.377*	0.714	-0.166	0.847
子女照料支持	无								
	有					0.261	1.298	0.349	1.418

续表

变量（参照组）		模型Ⅰ 系数	模型Ⅰ 发生比	模型Ⅱ 系数	模型Ⅱ 发生比	模型Ⅲ 系数	模型Ⅲ 发生比	模型Ⅳ 系数	模型Ⅳ 发生比
子女情感支持	无								
	有					0.774***	2.169	1.359***	3.891
常量		1.550***	4.712	−0.316	0.378	−0.941*	0.390	−3.285***	0.037
模型卡方值的 *Sig* 值		0.000		0.000		0.000		0.000	
−2 倍对数似然值		784.512		674.787		737.655		620.529	
Nagel-kerke R^2		0.034		0.240		0.124		0.330	
Hosmer 和 Lemeshow 检验的 *Sig* 值				0.455		0.873		0.712	

注：*、**、***分别表示在 10%、5%、1%水平上统计显著。

（五）结论

在恩施市农村，“空巢”老年人和非“空巢”老年人在生活满意度上存在比较大的差异。与非“空巢”老年人相比，“空巢”老年人的生活满意度更低。总体来看，社会人口学特征和社会支持都是影响恩施市农村老年人生活满意度的重要因素，但社会支持变量对恩施市农村老年人生活满意度的影响更大。在控制了社会支持变量的情况下，恩施市农村“空巢”老年人和非“空巢”老年人在生活满意度上的差异明显变小。在社会支持变量中，模型Ⅳ中的养老保险对恩施市农村老年人的生活满意度虽然有正向影响，但不显著。这在一定程度上说明，城乡居民基本养老保险作为农村老年人最主要的养老保险形式，难以满足农村居民的基本生活需要，对农村老年人生活满意度的促进作用非常有限。但是，医疗保险对恩施市农村老年人的生活满意度有非常大的促进作用。城乡居民基本医疗保险作为农村老年人最主要的医疗保险形式，在很大程度上缓解了老年人看病贵的问题，降低了老年人患病无钱医治的风险。此外，子女的情感支持对恩施市农村老年人生活满意度有显著的促进作用，亲人关怀可以缓解老年人的孤独感，从而对生活更加积极。

即便是“空巢”老年人，如果有正式制度保障，有子女情感上的关怀，同样对生活充满信心，对生活比较满意。

四、恩施市农村“空巢”老年人社区居家养老服务的需求特征

随着现代化、城镇化进程的加速，农村落后地区的青壮年劳动力加速外流。农村“空巢”老年人的比例相当高，甚至越来越高。完全依靠子女照顾已经变得不现实，势必要通过社区居家养老服务来解决农村“空巢”老年人的日常照料及情感问题。“空巢”老年人由于特殊的现状，可能对社区居家养老服务有特殊需求。为了探析恩施市农村“空巢”老年人社区居家养老服务需求的特点，采用交叉表及卡方检验，分析恩施市农村“空巢”老年人与非“空巢”老年人在服务需求上的差异。其中，“空巢”老年人有效样本 414 个，非“空巢”老年人有效样本 298 个。

（一）恩施市农村“空巢”老年人生活照顾服务项目的需求特点

由表 6-7 可知，在生活照顾服务方面，在恩施市农村，“空巢”老年人的需求比例明显更高。在任何生活照顾的服务项目上，“空巢”老年人的需求程度均高于非“空巢”老年人。除了帮助做饭或送饭项目需求的差异不具有显著性外，其他项目需求差异具有显著性。“空巢”老年人对生活照顾服务项目的需求程度从高到低依次为行动不便时照顾（52.7%）、帮助购物（34.5%）、帮助洗衣打扫卫生（31.9%）、帮助做饭或送饭（17.9%）。值得注意的是，在行动不便时照顾项目上，“空巢”老年人的需求比例比非“空巢”老年人高出 30.6%。可见，农村“空巢”老年人由于没有子女在身边，一旦失去自理能力，起居生活就是其非常担心的事情。

表 6-7　农村“空巢”、非“空巢”老年人对生活照顾服务的需求

照顾服务		空巢/%	非空巢/%	显著性检验
生活照顾服务	无需求	64.0	83.9	$\chi^2=34.228$ $P=0.000$
	有需求	36.0	16.1	
帮助做饭或送饭	无需求	82.1	86.6	$\chi^2=2.553$ $P=0.110$
	有需求	17.9	13.4	

续表

照顾服务		空巢/%	非空巢/%	显著性检验
帮助洗衣打扫卫生	无需求	68.1	85.9	$\chi^2=29.698$ $P=0.000$
	有需求	31.9	14.1	
帮助购物	无需求	65.5	83.9	$\chi^2=29.995$ $P=0.000$
	有需求	34.5	16.1	
行动不便时照顾	无需求	47.3	77.9	$\chi^2=67.267$ $P=0.000$
	有需求	52.7	22.1	

（二）恩施市农村“空巢”老年人医疗保健服务的需求特点

由表 6-8 可见，医疗保健服务方面，在恩施市农村，“空巢”老年人的需求比例显著更高。在医疗保健四个服务项目上，“空巢”老年人中的需求比例均高于非“空巢”老年人，且需求程度差异具有显著性。“空巢”老年人对医疗保健服务项目的需求程度从高到低依次为体检（86.2%）、上门看病（77.1%）、健康咨询（72.9%）、陪同看病（67.6%）。值得注意的是，在陪同看病和上门看病两个项目的需求上，“空巢”老年人与非“空巢”老年人差异最大，“空巢”老年人比非“空巢”老年人的需求比例分别高出 22.3%、19.7%。恩施市地处山区，农村老年人看病不方便，如果没有子女的陪护，看病就更加困难，所以在恩施市农村，“空巢”老年人对陪同看病和上门看病的需求程度会更高一些。

表 6-8　农村“空巢”、非“空巢”老年人对医疗保健服务的需求

服务项目		空巢/%	非空巢/%	显著性检验
医疗保健服务	无需求	18.8	35.6	$\chi^2=25.306$ $P=0.000$
	有需求	81.2	64.4	
上门看病	无需求	22.9	42.6	$\chi^2=31.245$ $P=0.000$
	有需求	77.1	57.4	
陪同看病	无需求	32.4	54.7	$\chi^2=35.539$ $P=0.000$
	有需求	67.6	45.3	
体检	无需求	13.8	28.5	$\chi^2=23.628$ $P=0.000$
	有需求	86.2	71.5	

续表

服务项目		空巢/%	非空巢/%	显著性检验
健康咨询	无需求	27. 1	38. 9	$\chi^2=11.221$ $P=0.001$
	有需求	72. 9	61. 1	

（三）恩施市农村“空巢”老年人精神慰藉服务的需求特点

由表6-9可知，在精神慰藉服务方面，在恩施市农村，“空巢”老年人的需求比例更高。“空巢”老年人对精神慰藉服务项目的需求从高到低依次为棋牌娱乐（62. 8%）、陪同聊天（53. 8%）、跳舞健身（48. 8%）、心理咨询（47. 3%），而非“空巢”老年人依次为棋牌娱乐（60. 4%）、跳舞健身（50. 0%）、陪同聊天（38. 9%）、心理咨询（27. 5%）。值得注意的是，在陪同聊天和心理咨询两个服务项目上，“空巢”老年人与非“空巢”老年人的需求差异具有显著性，“空巢”老年人的需求分别比非“空巢”老年人高出14. 9%、24. 8%。

表6-9　农村空巢、非空巢老年人对精神慰藉服务的需要

服务项目		空巢/%	非空巢/%	显著性检验
精神慰藉服务	无需求	40. 3	49. 0	$\chi^2=5.269$ $P=0.022$
	有需求	59. 7	51. 0	
棋牌娱乐	无需求	37. 2	39. 6	$\chi^2=0.422$ $P=0.516$
	有需求	62. 8	60. 4	
跳舞健身	无需求	51. 2	50. 0	$\chi^2=0.101$ $P=0.750$
	有需求	48. 8	50. 0	
陪同聊天	无需求	46. 2	61. 1	$\chi^2=15.258$ $P=0.000$
	有需求	53. 8	38. 9	
心理咨询	无需求	52. 7	77. 5	$\chi^2=45.972$ $P=0.000$
	有需求	47. 3	22. 5	

总体上看，在恩施市农村，与非“空巢”老年人相比，“空巢”老年人对社区居家养老三大类服务的需求更大。“空巢”老年人对医疗保健服务的需求最多，其次为精神慰藉服务，最后为生活照顾服务。而且，在心理慰藉服务方面，“空巢”老年人对陪同聊天和心理咨询的需求比例较高，其心理健康问题值得关注。

五、健康状况、“空巢”原因对恩施市农村“空巢”老年人社区居家养老服务需求的影响

（一）研究假设

健康不是仅指没有疾病，而是指身体、心理健康与主观幸福感的总体状态，是人们的一项基本权利。[①] 关于健康水平，有的学者使用自评健康、客观他评健康、主观幸福感测度。[②] 有的学者使用健康自评和日常生活活动能力测量[③]。还有学者使用自评健康、日常生活活动能力（ADL）、慢性病状况三个测度指标。[④] 值得注意的是，自理能力本身可以从日常生活活动能力（ADL）和社会生活活动能力（IADL）两方面进行测度。ADL包括吃饭、穿衣、上厕所、上下床、洗澡、室内走动等，IADL包括扫地、购物、做饭、洗衣等。相对而言，ADL指标一致性较高，而IADL指标的差异性较大，故采用ADL测度自理能力。[⑤] 总体上看，自评健康、他评健康、慢性病状况、自理能力涉及生理健康，主观幸福感涉及心理健康。此外，在心理健康方面，有的学者从是否有孤独感、焦虑感、抑郁感、自卑感、猜疑感、恐惧感等诸多方面衡量。[⑥]

健康状况显著地影响老年人对社区居家养老服务的需求。老年人的健康状况越差，对社区居家养老服务的需求程度越高。与患慢性病较少的老年人相比，患慢性病较多的老年人对生活照顾和医疗康复服务的需求显著增加。[⑦] 生活自理能力是老年人健康状况的直接度量指标，生活自理能力

---

① 杜本峰，王旋．老年人健康不平等的演化、区域差异与影响因素分析［J］．人口研究，2013（5）：81-90.

② 刘宏，高松，王俊．养老模式对健康的影响［J］．经济研究，2011（4）：80-93.

③ 李建新，李毅．性别视角下中国老年人健康差异分析［J］．人口研究，2009（2）：48-57.

④ 胡洪曙，鲁元平．收入不平等、健康与老年人主观幸福感：来自中国老龄化背景下的经验证据［J］．中国软科学，2012（11）：41-56.

⑤ 国家应对人口老龄化战略研究．老年妇女问题研究［M］．北京：华龄出版社，2014：143-150.

⑥ 胡宏伟，串红丽，杨帆，等．我国老年人心理症状及其影响因素研究［J］．西南大学学报（社会科学版），2011（6）：145-152.

⑦ 史薇，谢宇．家庭养老资源对城市老年人居家养老服务需求的影响研究：以北京市为例［J］．西北人口，2014（4）：88-94.

越弱的老年人在医疗保健和康复护理方面的需求越多。① 老年人在健康状况较差的情况下，难以通过参与社会活动来获得精神满足。同时，受消极情绪的影响，老年人难以通过自我调节来满足和实现精神上的需要，因此对社区居家养老的精神慰藉服务的需求更多。②

子女的外迁使农村老年人的居住方式朝独居化、夫妻化及隔代化发展，空间上的分离使得子女照料老年人的难度大大增加。③ 此外，空间的阻隔弱化了子女对老年人的情感慰藉。④ 卢海洋等通过研究 15 个省份的农村老年人的调查数据发现，子女外出务工虽然提高了老年人的物质生活，但在老年人的生活照料、精神生活以及就医陪护方面产生严重问题。⑤ 连玉君等研究中国健康与营养调查数据库发现，子女外出务工虽然可能提高了家庭收入，但减少了子女对父母的日常照料及精神慰藉，增加了父母从事农业和家庭劳动的时间。⑥

基于上述分析，本章提出假设：健康状况越差的农村“空巢”老年人对社区居家养老服务的需求越多，子女外出务工的农村“空巢”老年人对社区居家养老服务的需求更多。

（二）变量定义及基本描述

以本书调查的农村“空巢”老年人作为研究对象，有效样本为 414 个，变量见表 6-10。

---

① 王琼．城市社区居家养老服务需求及其影响因素：基于全国性的城市老年人口调查数据［J］．人口研究，2016（1）：98-112.

② 胡宏伟，李玉娇，张亚蓉．健康状况、社会保障与居家养老精神慰藉需求关系的实证研究［J］．西华大学学报（哲学社会科学版），2011（4）：91-98.

③ 孙鹃娟．劳动力迁移过程中的农村留守老人照料问题研究［J］．人口学刊，2006（4）：16-20.

④ 方菲．劳动力迁移过程中农村留守老人的精神慰藉问题探讨［J］．农村经济，2009（3）：107-110.

⑤ 卢海阳，钱文荣．子女外出务工对农村留守老人生活的影响研究［J］．农业经济问题，2014（6）：24-32.

⑥ 连玉君，等．子女外出务工对父母健康和生活满意度影响研究［J］．经济学（季刊），2015（1）：185-202.

表 6-10　变量的定义及赋值

变量		变量定义及赋值
因变量	生活照顾需求	无=0；有=1
	医疗保健需求	无=0；有=1
	精神慰藉需求	无=0；有=1
自变量	慢性病	无=1；1种=2；2种=3；3种及以上=4
	自理能力	无=0；有=1
	焦虑感	无=0；有=1
	“空巢”原因	其他=0；子女外出务工=1
控制变量	年龄	60~69岁=1；70~79岁=2；80岁及以上=3
	性别	男=0；女=1
	民族	汉族=0；少数民族=1
	婚姻	无偶=0；有偶=1
	文化程度	小学以下=1；小学=2；初中及以上=3
	月收入	<200元=1；200~499元=2；500~999元=3；≥1000元=4

因变量为恩施市农村“空巢”老年人对社区居家养老服务的需求，具体为对生活照顾、医疗保健、精神慰藉三大类服务的需求，均为二分变量，即无需求、有需求。

自变量为恩施市农村“空巢”老年人的健康状况及“空巢”原因。老年人的健康状况通过慢性病情况、自理能力、心理健康状况来反映。在具体指标上，慢性病情况根据慢性病种类数分为4种情况：无、1种、2种、3种及以上。自理能力通过基本日常生活自理能力（ADL）来度量，包括吃饭、穿衣、上厕所、上下床、洗澡及室内走动。任何一项自己无法独立完成即视为没有自理能力，自理能力分为2个等级，即无和有。心理健康状况通过是否有焦虑感来度量，分2个等级，即有（包括经常有和偶尔有）和无。是否有子女外出务工分无和有2种情况。自报没有慢性病以及只有1种慢性病的恩施市农村“空巢”老年人比例超过一半，且绝大多数恩施市农村“空巢”老年人具有自理能力，但有焦虑感的恩施市农村“空巢”老年人比例达到了55.8%。可见，整体上恩施市农村“空巢”老年人的身体健康状况较好，但心理健康状况较差。对问卷题“您的子女是否全部外出务工了？”选择“是”的，视为“空巢”原因是子女外出所致，选择“否”的视为其他原因。在恩施市农村，有子女外出务工的“空巢”老年人比例为58.7%，超过了一半。

为了分别考察健康状况、“空巢”原因对恩施市农村“空巢”老年人社区居家养老服务需求的影响，引入年龄、性别、民族、婚姻、文化程度及月收入等社会人口学特征变量作为控制变量。

（三）模型选取

由于各因变量均为二分类变量，利用二项Logistic回归分析考察在剔除其他因素情况下，老年人的健康状况及“空巢”原因对其社区居家养老服务需求的影响。

（四）分析结果

由表6-11可知，模型Ⅰ的Nagelkerke R^2值最大，模型拟合度较高；虽然模型Ⅱ和模型Ⅲ的Nagelkerke R^2值均较小，但Hosmer和Lemeshow检验的*Sig*值都大于0.05显著性水平，说明模型的拟合度较好。总体上看，各模型都具有较好的解释力。

关于健康状况对恩施市农村“空巢”老年人社区居家养老服务需求的影响，慢性病对生活照顾服务、精神慰藉服务的需求均无显著影响，但对医疗保健服务的需求有显著影响。随着农村“空巢”老年人慢性病种类数的增加，对医疗保健服务有更多的需求。与无慢性病的“空巢”老年人相比，患有3种及以上慢性病的农村“空巢”老年人对医疗保健服务的需求是前者的3.854倍。自理能力对任何服务需求的影响均不显著，可能因为调查对象中的绝大多数农村“空巢”老年人都具备完全自理能力。焦虑感对所有服务的需求都有显著影响，且显著性强。与没有焦虑感的农村“空巢”老年人相比，有焦虑感的农村“空巢”老年人对生活照顾服务、医疗保健服务及精神慰藉服务的需求分别是前者的4.543倍、2.366倍和2.204倍。整体上看，假设1得到部分验证。

关于“空巢”原因对恩施市农村“空巢”老年人社区居家养老服务需求的影响，与其他原因形成的农村“空巢”老年人相比，由子女外出务工形成的农村“空巢”老年人对生活照顾服务及精神慰藉服务的需求分别是前者的2.918倍、1.729倍，且影响都具有很强的显著性。“空巢”原因虽然对农村“空巢”老年人医疗保健服务需求的影响不显著，但从发生比上看，由子女外出务工形成的农村“空巢”老年人对医疗保健服务有更多的需求。可见，假设2得到部分验证。

在控制变量方面，年龄对恩施市农村“空巢”老年人生活照顾服务和医疗保健服务的需求有显著影响。农村“空巢”老年人年龄越大，对两项服务的需求越多。民族对精神慰藉服务的需求有显著影响，少数民族农村“空巢”老年人对精神慰藉服务的需求更少。婚姻状况对生活照顾服务的需求有显著影响，有配偶的农村“空巢”老年人对生活照顾服务的需求更少。月收入对生活照顾服务的需求有显著影响，月收入越高的农村“空巢”老年人对生活照顾服务的需求更多。性别和文化程度对农村“空巢”老年人任何服务需求的影响均不显著。

表6-11　健康状况、“空巢”原因对农村“空巢”老年人社区居家养老服务需求的影响

变量（参照组）		模型Ⅰ—生活照顾		模型Ⅱ—医疗保健		模型Ⅲ—精神慰藉	
		系数	发生比	系数	发生比	系数	发生比
慢性病	无						
	1种	0.255	1.291	0.548*	1.730	−0.059	0.943
	2种	−0.203	0.816	0.492	1.636	−0.484	0.616
	3种及以上	0.101	1.113	1.349*	3.854	−0.585	0.557
自理能力	有						
	无	0.058	1.059	1.010	2.746	0.406	1.500
焦虑感	无						
	有	1.514***	4.543	0.861***	2.366	0.790***	2.204
空巢原因	其他						
	子女外出务工	1.071***	2.918	0.172	1.187	0.548**	1.729
年龄	60~69岁						
	70~79岁	0.299	1.349	0.641**	1.899	0.287	1.332
	80岁及以上	1.373***	3.948	1.330*	3.780	0.252	1.296
性别	男						
	女	−0.303	0.739	0.094	1.099	0.077	1.080
民族	汉族						
	少数民族	−0.287	0.751	−0.358	0.699	−0.921***	0.398

续表

变量（参照组）		模型Ⅰ—生活照顾		模型Ⅱ—医疗保健		模型Ⅲ—精神慰藉	
		系数	发生比	系数	发生比	系数	发生比
婚姻	无配偶						
	有配偶	-1.252***	0.286	-0.002	0.998	-0.173	0.841
文化	小学以下						
	小学	-0.137	0.872	0.157	1.170	0.377	1.458
	初中及以上	-0.493	0.611	-0.220	0.802	0.179	1.196
月收入	<200元						
	200~499元	0.384	1.468	-0.123	0.884	-0.612	0.402
	500~999元	1.329***	3.778	-0.288	0.750	0.304	1.355
	≥1000元	0.814**	2.258	-0.154	0.857	-0.028	0.972
常量		-1.839***	0.159	0.638	1.893	0.379	1.461
模型卡方值的 *Sig* 值		0.000		0.003		0.000	
-2倍对数似然值		388.034		320.793		464.867	
Nagelkerke R^2		0.371		0.147		0.185	
Hosmer 和 Lemeshow 检验的 *Sig* 值		0.305		0.082		0.382	

注：*、**、***分别表示在10%、5%、1%水平上统计显著。

（五）结论

在恩施市农村，被调查的“空巢”老年人大多有自理能力。在慢性病方面，有73.2%的“空巢”老年人患有一种及以上慢性病，但有多种慢性病的“空巢”老年人并不多。慢性病情况对医疗保健服务的需求有重要影响，慢性病种类数越多的“空巢”老年人对医疗保健服务的需求越多。值得注意的是，“空巢”老年人的心理健康堪忧，认为有焦虑感的农村“空巢”老年人超过了一半。焦虑感对“空巢”老年人生活照顾服务、医疗保健服务和精神慰藉服务的需求有重要影响。有焦虑感的农村老年人对这些服务的需求明显更大。

青壮年劳动力外出务工是恩施市农村“空巢”老年人形成的最主要原因。由于子女无法履行照料责任，导致“空巢”老年人的生活照料及情感慰藉处于缺失状态，从而对社会提供的养老服务产生需求。在社区居家养老三大服务中，有子女外出务工的恩施市农村“空巢”老年人对生活照顾服务和精神慰藉服务有更多的需求。

为此，在农村地区开展社区居家养老服务时，既要考虑“空巢”老年人对社区居家养老服务的需求特点，又要考虑影响其需求的主要因素。特别是在落后地区农村，子女外出务工比例高，“空巢”老年人不仅数量多且面临着诸多生活困难，应给予更多关照。

第二节　恩施市农村女性老年人的生活状况及其对社区居家养老服务的需求

一、恩施市农村老年人生活状况的性别比较

女性老年人弱势积累效应更明显，在经济保障、健康医疗及婚姻家庭生活等方面面临更为突出的困难。[①] 农村女性老年人受性别和城乡“二元化”的双重影响，生活更艰难。[②] 本章通过卡方检验、T 检验，分析恩施市农村老年人生活状态的性别差异。其中，农村男性老年人有效样本 346 个，农村女性老年人有效样本 369 个。

（一）社会经济地位的性别差异

农村女性老年人受地域（农村）和性别（女性）双重劣势叠加的影响，绝大多数农村女性老年人的经济保障状况最差。[③] 本章通过文化程度、月收入及养老积蓄 3 个指标考察恩施市农村老年人社会经济地位的性别差异。由表 6-12 可知，文化程度、月收入及养老积蓄均存在显著的性别差异。在恩施市农村，老年人的文化程度普遍不高，女性老年人的文化程度更低。在本书调查对象中，有超过一半的农村女性老年人从未上过学。受教育程度对个人的就业、收入、家庭地位以及社会地位等产生影响。在恩

① 姜向群，杨菊华．中国女性老年人口的现状及问题分析［J］．人口学刊，2009（2）：48-52.

② 佟新．我国的老龄化、性别和养老政策［J］．华中科技大学学报（社会科学版），2008（2）：82-89.

③ 杨菊华，谢永飞．累计劣势与老年人经济安全的性别差异：一个生命历程视角的分析［J］．妇女研究论丛，2013（4）：18-29.

施市农村，女性老年人的月收入低于200元以及200~499元的比例高于男性老年人，而月收入500~999元、1000元及以上的比例低于男性老年人。同时，有养老积蓄的女性老年人比例比男性老年人低。总体上，农村女性老年人的物质保障不如男性老年人。

表6-12　农村老年人社会经济地位的性别差异

变量		男性/%	女性/%	显著性检验
文化程度	小学以下	30.1	53.1	$\chi^2=46.931$ $P=0.000$
	小学	45.7	35.2	
	初中	17.1	10.0	
	高中及以上	7.2	1.6	
月收入	<200元	27.7	33.1	$\chi^2=20.585$ $P=0.000$
	200~499元	15.0	24.7	
	500~999元	26.6	23.3	
	≥1000元	30.6	19.0	
养老积蓄	无	48.3	61.0	$\chi^2=11.646$ $P=0.001$
	有	51.7	39.0	

（二）健康状况的差异

老年人健康状况的性别差异在社会经济条件相对落后的乡村尤为显著，农村女性老年人患慢性病的数量不仅高于城市老年人，也高于农村男性老年人。① 无论哪一个年龄段，农村女性老年人生活不能自理的比例都显著高于其他老年群体，包括农村男性老年人、城市女性老年人、城市男性老年人。② 农村女性老年人罹患抑郁症的风险高于男性，抑郁程度也较男性严重。③ 本章通过慢性病、自理能力及焦虑感来考察恩施市农村老年人健康状况的性别差异。见表6-13，慢性病种类数存在显著的性别差异。调查中列出的9种常见慢性病，农村女性老年人自报患有上述慢性病的种

① 谭琳，贾云竹．2000—2010年中国老年妇女的状况变化及主要特征［J］．老龄科学研究，2013（2）：74-82.

② 曾毅．老年人口家庭、健康与照料需求成本研究［M］．北京：科学出版社，2010：41-43.

③ 张恺悌．中国人口老龄化与老年人状况蓝皮书［M］．北京：中国社会出版社，2010：214-215.

类数高于农村男性老年人。农村女性老年人具有完全自理能力的比例略低于农村男性老年人，经常感到焦虑的比例略高于农村男性老年人，但差异并不显著。由表 6-14 可知，农村男性老年人中，患有高血压者最多，其次为风湿病关节炎，再次为糖尿病；农村女性老年人中，风湿病关节炎患者最多，其次为高血压，再次为脑血管疾病。值得注意的是，虽然农村男性老年人心脏病患者的比例高于农村女性老年人，但农村女性老年人脑血管病患者、风湿病关节炎患者及白内障患者的比例都高于农村男性老年人。相对于心脏病而言，脑血管病、风湿病关节炎及白内障虽然致死率较低，却容易导致自理能力的丧失，严重影响生活质量。

表 6-13　农村老年人健康状况的性别差异

变量		男性/%	女性/%	显著性检验
慢性病种类数		1. 0434	1. 2249	$P=0.015$
自理能力	完全没有	0. 6	0. 5	$\chi^2=0.119$ $P=0.942$
	部分有	9. 5	10. 3	
	完全有	89. 9	89. 2	
焦虑感	从不	5. 2	6. 2	$\chi^2=1.142$ $P=0.565$
	偶尔	46. 5	42. 8	
	经常	48. 3	50. 9	

表 6-14　农村老年人慢性病情况的性别差异（复数选答）　　单位：%

性别	高血压	心脏病	脑血管病	糖尿病	胆石症胆囊炎	风湿病关节炎	白内障	肺部疾病	胃部疾病
男性	46. 4	10. 5	9. 3	14. 8	5. 9	44. 3	5. 5	8. 0	7. 6
女性	40. 3	8. 1	13. 9	13. 2	4. 4	63. 7	7. 0	2. 2	11. 7

（三）婚姻状况的性别差异

由于女性的预期寿命一般长于男性，加上“男大女小”的传统婚配模式，女性老年人丧偶的比例比男性高，导致农村女性老年人口丧偶人数多。[①] 由表6-15可知，在恩施市农村，男性老年人丧偶的比例为 25. 7%，

① 王晶，朱淑鑫. 丧偶老年妇女养老的家庭与社会支持［J］. 湘潭大学学报（哲学社会科学版），2014（4）：108-111.

女性老年人丧偶的比例为39.8%，具有显著性性别差异。此外，虽然丧偶老年人的居住状况在性别上无显著差异，但女性老年人独居的比例比男性老年人低。丧偶让老年人独立居住的可能性降低，且农村女性老年人一旦失去配偶，其在经济收入、生活照顾、精神慰藉方面的问题可能变得更加突出。

表6-15　农村老年人婚姻状况的性别差异

变量		男性/%	女性/%	显著性检验
婚姻状况	配偶健在	69.9	57.7	$\chi^2=16.936$ $P=0.001$
	配偶去世	25.7	39.8	
	离婚	3.2	1.9	
	未婚	1.2	0.5	
丧偶老人的居住状况	一个人住	41.6	35.4	$\chi^2=6.304$ $P=0.178$
	和儿子同住	40.4	53.7	
	和女儿同住	13.5	6.1	
	和未成年孙辈住	3.4	2.7	
	其他	1.1	2.0	

总体上看，在恩施市农村，女性老年人的生活状况更差，其经济状况和身体状况都处于更差状态。此外，女性老年人丧偶的比例更高，其晚年生活面临更多的不确定性。

二、恩施市农村老年人社区居家养老服务需求的性别比较

恩施市农村女性老年人处于更加弱势的状态，她们对社区居家养老服务的需求程度如何？与男性老年人相比，其需求有何特殊性？较差的身体健康状况通常需要更多的生活照顾和帮助，但由于农村女性老年人丧偶率相对更高，加上农村青壮年劳动力的大规模外流，农村女性老年人通常难以获得子女的生活照顾和帮助。① 在各个年龄组，农村女性老年人的照料需求均高于男性老年人。② 此外，由于女性老年人的丧偶率高，失去配偶

① 谭琳，贾云竹．2000—2010年中国老年妇女的状况变化及主要特征［J］．老龄科学研究，2013（2）：74-82.

② 张恺悌．中国人口老龄化与老年人状况蓝皮书［M］．北京：中国社会出版社，2010：143-147.

的情感支持，对精神慰藉的需求更加强烈。[①] 本章通过交叉表及卡方检验，分析恩施市农村老年人社区居家养老服务需求的性别差异，探析恩施市农村女性老年人对社区居家养老服务有无特殊需求。其中，农村男性老年人有效样本346个，农村女性老年人有效样本369个。

由表6-16可知，在恩施市农村，女性老年人对医疗保健服务的需求比例最高，为75.1%；女性老年人对精神慰藉服务的需求比例居第二位，为55.8%；女性老年人对生活照顾服务的需求比例最低，仅为26.8%。具体到各服务项目，在医疗保健服务方面，女性老年人对定期体检的需求比例高达80.8%，女性老年人对上门看病及健康咨询的需求比例在70.0%左右，女性老年人对陪同看病的需求比例也达到了61.5%。精神慰藉服务方面，女性老年人对提供棋牌场所和跳舞健身场所的需求比例均超过50.0%。在生活照顾服务方面，女性老年人仅对行动不便时照顾的需求比例稍高，为39.0%，农村女性老年人对其他生活服务项目需求的比例均非常低。

此外，虽然农村女性老年人对医疗保健服务的需求程度很高，但由于农村男性老年人对医疗保健服务同样有很强烈的需求，使得农村女性、男性老年人在医疗保健服务需求上没有显著差异，反映了医疗保健服务是农村老年人的一种共性需求。在生活照顾服务和精神慰藉服务方面，农村女性老年人并没有因为其生活状况差而表现出更多的需求，农村女性、男性老年人在两大服务的需求上没有显著差异。导致这种情况的可能原因是，农村女性老年人受“男主外、女主内”传统思想的影响大，在家庭中总是在照顾家庭其他成员，同时认为这是其应该做的事情。当农村女性老年人被问及对生活照顾服务的需求时，即便有这样的需求也可能受传统思想的影响而隐匿了。同样，受传统思想的影响，农村女性老年人与外界的接触有限，务农及操持家务是其日常主要的活动。对于精神慰藉服务，农村女性老年人即使有需求，也可能因受制于传统思想而隐匿。有研究发现，女性老年人是沉默的弱势群体，不会因为处于不利地位而对生活照料和精神慰藉表现出更高的需求，这是一种沉默的需求。[②]

---

① 郅玉玲．老年妇女的社会支持系统研究：一项基于浙江省的分析［J］．华东理工大学学报（社会科学版），2004（2）：14-19.

② 王小璐，风笑天．沉默的需求：老年女性的社会支持现状及困境［J］．妇女研究论丛，2014（2）：12-17.

表 6-16　农村老年人社区居家养老服务需求的性别差异

养老服务项目		男性/%	女性/%	显著性检验
生活照顾服务	无需求	71.4	73.2	$\chi^2=0.284$ $P=0.594$
	有需求	28.6	26.8	
帮助做饭或送饭	无需求	85.3	82.7	$\chi^2=0.284$ $P=0.594$
	有需求	14.7	17.3	
帮助洗衣打扫卫生	无需求	74.6	76.4	$\chi^2=0.333$ $P=0.564$
	有需求	25.4	23.6	
帮助购物	无需求	72.3	74.0	$\chi^2=0.272$ $P=0.602$
	有需求	27.7	26.0	
行动不便时照顾	无需求	59.2	61.0	$\chi^2=0.222$ $P=0.637$
	有需求	40.8	39.0	
医疗保健服务	无需求	26.9	24.9	$\chi^2=0.353$ $P=0.553$
	有需求	73.1	75.1	
上门看病	无需求	33.5	29.3	$\chi^2=1.505$ $P=0.220$
	有需求	66.5	70.7	
陪同看病	无需求	45.7	38.5	$\chi^2=3.782$ $P=0.052$
	有需求	54.3	61.5	
定期体检	无需求	20.8	19.2	$\chi^2=0.274$ $P=0.600$
	有需求	79.2	80.8	
健康咨询	无需求	34.7	29.8	$\chi^2=1.942$ $P=0.163$
	有需求	65.3	70.2	
精神慰藉服务	无需求	43.6	44.2	$\chi^2=0.021$ $P=0.886$
	有需求	56.4	55.8	
提供棋牌场所	无需求	31.8	44.4	$\chi^2=12.094$ $P=0.001$
	有需求	68.2	55.6	
提供跳舞健身场所	无需求	51.4	49.9	$\chi^2=0.176$ $P=0.673$
	有需求	48.6	50.1	
陪同聊天	无需求	54.2	50.7	$\chi^2=0.888$ $P=0.346$
	有需求	45.8	49.3	
心理咨询	无需求	62.7	63.1	$\chi^2=0.014$ $P=0.906$
	有需求	37.3	36.9	

三、经济状况对恩施市农村老年人社区居家养老服务需求影响的性别比较

（一）研究假设

有学者将农村老年人的养老资源分为三类：生存型养老资源、相互型养老资源以及发展型养老资源。生存型养老资源主要满足老年人的基本物质需求，即满足老年人最低生存需求，主要包括个人储蓄、土地、社会养老保险等；相互型养老资源在保障老年人基本物质需求的同时可保障老年人的精神需求，如社区养老、养老志愿服务等；发展型养老资源主要满足老年人的精神需求，如老年娱乐中心、老年学校等。[①] 由此可见，社区居家养老服务属于一种相互型养老资源。

马斯洛的需求层次理论认为，人的需求分为五个层次，由低到高依次为生理需求、安全需求、归属和爱的需求、尊重需求及自我实现的需求。生理需求是人类最原始、最基本的需求，包括衣、食、住、行等方面的需求，是维持生存的需求。若生理需求没有得到满足，其他需求会退居其后。用马斯洛的需求层次理论来看农村老年人养老问题，男性老年人和女性老年人可能存在不同的需求。农村女性老年人受地域（农村）和性别（女性）双重因素叠加的影响，在城乡老年群体中最为弱势，经济状况最差。[②] 可见，农村女性老年人的生理需求可能是最强烈的，即对生存型养老资源的需求最强烈。

虽然高龄、较差的认知能力、丧偶等不利因素会增加女性老年人的照料需求，但较差的生活经济状况却抑制了这种需求。[③] 由于女性老年人对经济供养的需求更为紧迫，因而压抑了其对生活照顾和精神慰藉的需求。[④]

若农村女性老年人的经济状况变好，生存型养老资源更有保障，其对

① 杨守宝．“刘易斯转折点”上农村养老资源需求层次理论分析［J］．农村经济，2010（1）：86-89.

② 贾云竹．中国老年妇女的经济地位状况分析［J］．浙江学刊，2007（1）：207-213.

③ 薛伟玲，陆杰华．基于性别差异的老年日常健康照料成本研究［J］．中央财经大学学报，2012（4）：91-96.

④ 同①.

社区居家养老服务这类相互型养老资源的需求能否被释放？为此，提出假设 1：经济状况对农村女性老年人社区居家养老服务的需求有正向影响，即经济状况越好的农村女性老年人对社区居家养老服务的需求越大。

但是，农村女性老年人是一个沉默的弱势群体。即便经济状况较好，生存型养老资源有保障，对相互型养老资源、发展型养老资源有需求，也可能隐匿需求。为此，提出假设 2：与农村男性老年人相比，经济状况对农村女性老年人社区居家养老服务需求的正向影响小。

（二）变量选取

本章分别以调查的农村男性老年人和女性老年人为研究对象，其中农村男性老年人有效样本 346 个，农村女性老年人有效样本 369 个。

因变量为农村老年人对社区居家养老服务的需求，具体为对生活照顾、医疗保健以及精神慰藉三大类服务的需求，均为二分变量，即无需求、有需求。

自变量为农村老年人的经济状况，以月收入、养老积蓄和养老保险 3 个指标反映。

控制变量为农村老年人的年龄、婚姻、民族、文化程度、自评健康状况等社会人口学特征及居住状况。需要说明的是，由于女性高中及以上文化程度的比例非常小，所以将高中及以上文化与初中文化合并为一类，文化程度分为小学以下、小学、初中及以上 3 个等级。

表 6-17　变量的定义及赋值

变量		变量定义及赋值
因变量	生活照顾需求	无=0；有=1
	医疗保健需求	无=0；有=1
	精神慰藉需求	无=0；有=1
自变量	月收入	<200 元=1；200~499 元=2；500~999 元=3；≥1000 元=4
	养老积蓄	无=0；有=1
	养老保险	无=0；有=1

续表

变量		变量定义及赋值
控制变量	年龄	60~69岁=1；70~79岁=2；80岁及以上=3
	婚姻	无配偶=0；有配偶=1
	民族	汉族=0；少数民族=1
	文化程度	小学以下=1；小学=2；初中及以上=3
	健康自评	不好=1；一般=2；好=3
	居住状况	不和子女住=0；和子女住=1

（三）模型选取

由于各因变量均为二分类变量，利用二项 Logistic 回归分析，考察在剔除其他因素情况下老年人的经济状况对社区居家养老服务需求的影响。

（四）分析结果

由表6-18、表6-19及表6-20可知，经济状况对恩施市农村男性、女性老年人生活照顾、医疗保健及精神慰藉服务的影响。从检验指标看，各模型的拟合度较好。

1. 经济状况对恩施市农村男性、女性老年人生活照顾服务需求的影响

关于经济状况对农村男性老年人生活照顾服务需求的影响，仅月收入对其需求的影响具有显著性。与月收入低于200元的农村男性老年人相比，月收入500~999元、月收入1000元及以上的农村男性老年人对生活照顾服务的需求分别是前者的4.741倍、2.523倍。关于经济状况对农村女性老年人生活照顾服务需求的影响，月收入和养老积蓄的影响具有显著性，养老保险的影响不显著。与月收入低于200元的农村女性老年人相比，月收入200~499元、500~999元、1000元及以上的农村女性老年人对生活照顾服务的需求分别是前者的1.960倍、7.029倍、2.220倍。与没有养老积蓄的农村女性老年人相比，有养老积蓄的农村女性老年人对生活照顾服务的需求是前者的1.671倍。从显著性及发生比来看，月收入和养老积蓄对农村女性老年人生活照顾服务需求有重要的正向影响。

在控制变量方面，年龄、婚姻、文化程度及居住状况对农村男性、女性老年人生活照顾服务需求的影响均显著。无论是农村男性老年人还是农

村女性老年人，年龄大、无配偶及不和子女住者对生活照顾服务有更多的需求。出乎意料的是，农村男性老年人和农村女性老年人文化程度越高，对生活照顾服务的需求越少。可能因为文化程度越高的农村老年人要求越高，对社区提供的生活照顾服务质量不放心。

表 6-18　经济状况对农村男性、女性老年人生活照顾服务需求的影响

变量（参照类）		模型Ⅰ—男性		模型Ⅱ—女性	
		系数	发生比	系数	发生比
月收入	<200 元				
	200~499 元	0.376	1.456	0.673*	1.960
	500~999 元	1.556***	4.741	1.950***	7.029
	≥1000 元	0.926**	2.523	0.797*	2.220
养老积蓄	无				
	有	0.096	1.101	0.513*	1.671
养老保险	无				
	有	0.404	1.498	0.039	1.040
年龄	60~69 岁				
	70~79 岁	0.650**	1.915	0.446	1.562
	80 岁及以上	0.590	1.804	1.275***	3.578
婚姻	无配偶				
	有配偶	-1.065***	0.345	-0.645**	0.525
民族	汉族				
	少数民族	-0.225	0.799	-0.179	0.836
文化	小学以下				
	小学	-0.732**	0.481	0.041	1.042
	初中及以上	-1.269***	0.281	-1.312**	0.261
健康自评	不好				
	一般	-0.090	0.914	-0.203	0.817
	好	-0.264	0.768	-0.253	0.777
居住状况	不和子女住				
	和子女住	-1.446***	0.235	-0.964***	0.381
常量		-0.350	0.705	-1.246**	0.288
模型卡方值的 *Sig* 值		0.000		0.000	
-2 倍对数似然值		333.152		354.598	

续表

变量（参照类）	模型Ⅰ—男性		模型Ⅱ—女性	
	系数	发生比	系数	发生比
Nagelkerke R^2	0.289		0.263	
Hosmer 和 Lemeshow 检验的 *Sig* 值	0.816		0.499	

注：*、**、***分别表示在10%、5%、1%水平上统计显著。

2. 经济状况对恩施市农村男性、女性老年人医疗保健服务需求的影响

由表6-19可知，养老积蓄和养老保险对农村男性老年人医疗保健服务的需求无显著影响，月收入则有显著影响。与月收入低于200元的农村男性老年人相比，月收入1000元及以上的农村男性老年人对医疗保健服务的需求是前者的1.990倍。经济状况对农村女性老年人医疗保健服务需求的影响不显著。

控制变量方面，年龄、居住状况及民族对农村男性老年人医疗保健服务的需求有显著影响，年龄大、不和子女同住及汉族农村男性老年人对医疗保健服务有更多的需求。年龄、居住状况及健康状况则对农村女性老年人医疗保健服务的需求有显著影响，年龄大、不和子女同住及健康状况差的农村女性老年人对医疗保健服务有更多的需求。值得注意的是，健康状况对农村女性老年人医疗保健服务需求有显著影响。经济状况不是影响农村女性老年人对医疗保健服务需求的重要因素，健康状况的影响则比较明显。

表6-19 经济状况对农村男性、女性老年人医疗保健服务需求的影响

变量（参照类）		模型Ⅰ—男性		模型Ⅱ—女性	
		系数	发生比	系数	发生比
月收入	<200元				
	200~499元	-0.050	0.951	0.375	1.454
	500~999元	0.436	1.547	0.398	1.489
	≥1000元	0.688*	1.990	0.437	1.549
养老积蓄	无				
	有	0.338	1.402	0.348	1.416
养老保险	无				
	有	-0.149	0.862	-0.130	0.878

续表

变量（参照类）		模型Ⅰ—男性		模型Ⅱ—女性	
		系数	发生比	系数	发生比
年龄	60~69 岁				
	70~79 岁	0.782**	2.186	0.517*	1.676
	80 岁及以上	1.427**	4.165	2.590***	13.334
婚姻	无配偶				
	有配偶	-0.036	0.964	0.324	1.383
民族	汉族				
	少数民族	-0.671**	0.511	0.102	1.108
文化	小学以下				
	小学	0.167	1.182	0.430	1.537
	初中及以上	-0.079	0.924	-0.157	0.854
健康自评	不好				
	一般	0.557	1.745	-0.435	0.648
	好	-0.572	0.564	-0.748**	0.473
居住状况	不和子女住				
	和子女住	-1.098***	0.334	-0.836***	0.433
常量		1.325**	3.763	1.037*	2.820
模型卡方值的 *Sig* 值		0.000		0.000	
-2 倍对数似然值		348.216		371.229	
Nagelkerke R^2		0.207		0.153	
Hosmer 和 Lemeshow 检验的 *Sig* 值		0.590		0.311	

注：*、**、***分别表示在 10%、5%、1%水平上统计显著。

3. 经济状况对恩施市农村男性、女性老年人精神慰藉服务需求的影响

在经济状况方面，无论是农村男性老年人还是女性老年人，只有月收入对其精神慰藉服务的需求有显著影响。月收入 500~999 元的农村男性、女性老年人对精神慰藉服务的需求分别是月收入低于 200 元的农村男性、女性老年人的 3.073 倍、1.801 倍。从显著性和发生比来看，月收入对农村男性老年人精神慰藉服务需求的正向影响更大。

在控制变量方面，对农村男性老年人精神慰藉服务需求有显著影响的是民族和居住状况，仅有民族对农村女性老年人精神慰藉服务需求有显著影响。

表 6-20　经济状况对农村男性、女性老年人精神慰藉服务需求的影响

变量（参照类）		模型Ⅰ—男性		模型Ⅱ—女性	
		系数	发生比	系数	发生比
月收入	<200 元				
	200~499 元	-0.231	0.794	-0.194	0.824
	500~999 元	1.123***	3.073	0.588*	1.801
	≥1000 元	0.326	1.386	0.039	1.040
养老积蓄	无				
	有	-0.017	0.983	0.378	1.459
养老保险	无				
	有	-0.186	0.830	0.364	1.439
年龄	60~69 岁				
	70~79 岁	0.246	1.279	0.130	1.139
	80 岁及以上	0.023	1.023	-0.517	0.596
婚姻	无配偶				
	有配偶	-0.131	0.878	-0.192	0.826
民族	汉族				
	少数民族	-0.673***	0.510	-0.605**	0.546
文化	小学以下				
	小学	0.114	1.120	0.038	1.039
	初中及以上	-0.028	0.972	-0.439	0.645
健康自评	不好				
	一般	0.259	1.295	-0.256	0.774
	好	-0.035	0.965	-0.101	0.904
居住状况	不和子女住				
	和子女住	-0.557**	0.573	-0.098	0.907
常量		0.613	1.845	0.496	1.641
模型卡方值的 *Sig* 值		0.003		0.047	
-2 倍对数似然值		437.127		479.797	
Nagelkerke R^2		0.123		0.085	
Hosmer 和 Lemeshow 检验的 *Sig* 值		0.500		0.454	

注：*、**、***分别表示在 10%、5%、1%水平上统计显著。

（五）结论

本章考察了经济状况对恩施市农村男性、女性老年人社区居家养老服务需求的影响。研究结果显示，较好的经济状况对农村女性老年人社区居家养老服务的需求有重要促进作用，假设 1 得到验证。

但对于不同的养老服务项目，经济状况的影响具有一定的性别差异。在经济状况对生活照顾服务需求的影响方面，与农村男性老年人相比，月收入和养老积蓄对农村女性老年人生活照顾服务需求的正向影响更大；在经济状况对医疗保健服务需求的影响方面，月收入对农村男性老年人医疗保健服务需求的影响显著，经济状况对农村女性老年人医疗保健服务需求的影响不显著；在经济状况对精神慰藉服务需求的影响方面，月收入对农村男性、女性老年人精神慰藉服务的需求都有显著影响，且月收入对农村男性老年人精神慰藉服务需求的正向影响更大。此外，值得注意的是，无论是农村男性老年人还是女性老年人，养老保险对养老服务需求的影响均不显著，这在一定程度上说明养老保险对农村老年人的经济保障有限。对于农村老年人来说，城乡居民基本养老保险是其主要保险，但因养老金较低，城乡居民基本养老保险对农村老年人的经济生活没有产生太大的影响。总体上看，经济状况对农村女性老年人社区居家养老服务的需求有重要的正向影响，但仅体现在生活照顾服务需求上，且经济状况对农村女性老年人的正向影响比农村男性老年人大。在医疗保健和精神慰藉服务需求上，其对农村女性老年人的正向影响比农村男性老年人小，假设 2 得到部分验证。

农村女性老年人经济状况的改善在一定程度上改变了其弱势地位，使农村女性老年人生活变得更好。城乡居民基本养老保险的保障作用还很有限，地方政府除了依靠中央政府的财政转移支付外，还应通过发展农村经济、乡镇企业等方式充盈城乡居民基本养老保险的资金，以此提高城乡居民基本养老保险的水平。农村女性老年人在经济上有了保障后，自然会对由社会提供的养老服务产生需求。此外，要从根本上改变农村女性老年人的弱势地位，家庭、社会要给予其更多的关注。

第三节　本章小结

针对恩施市农村“空巢”老年人，首先，本章分析了恩施市农村“空巢”老年人的形成原因及其生活状态，指出农村“空巢”老年人增加的最主要原因是青壮年劳动力的外迁，“空巢”老年人面临着子女经济供养不足、子女生活照料缺位及子女情感慰藉欠缺等养老问题。其次，本章分析了恩施市农村“空巢”老年人和非“空巢”老年人在生活满意度上的差异，发现与非“空巢”老年人相比，“空巢”老年人的生活满意度更低。最后，本章分析了恩施市农村“空巢”老年人社区居家养老服务的需求特点，以及健康状况、“空巢”原因对恩施市农村“空巢”老年人社区居家养老服务需求的影响。研究发现，恩施市农村“空巢”老年人对医疗保健服务的需求最多，其次为精神慰藉服务，最后为生活照顾服务。在心理慰藉服务方面，农村“空巢”老年人对陪同聊天和心理咨询的需求更多。由子女外出务工形成的恩施市农村“空巢”老年人对生活照顾服务和精神慰藉服务的需求明显更多。慢性病种类数越多的恩施市农村“空巢”老年人对医疗保健服务的需求越多。焦虑感对恩施市农村“空巢”老年人生活照顾服务、医疗保健服务和精神慰藉服务的需求有重要影响，有焦虑感的“空巢”老年人对这些服务的需求明显增加。

针对恩施市农村女性老年人，首先，本章分析了恩施市农村老年人生活状况的性别差异，与男性老年人相比，女性老年人的经济状况和身体状况更差，加上丧偶比例高，农村女性老年人在养老方面的问题可能更加突出。其次，本章对恩施市农村老年人社区居家养老服务需求进行了性别差异比较，发现无显著差异。可能因为农村女性老年人受“男主外、女主内”传统思想的影响较深，并没有表达其真实需求。最后，本章分析了经济状况对恩施市农村老年人社区居家养老服务需求影响的性别差异，总体上看，经济状况对农村女性老年人社区居家养老服务的需求有重要的正向影响，但与农村男性老年人相比，经济状况对农村女性老年人的正向影响较小。

第七章

基于区域和群体差异的农村社区居家养老服务的开展

社会养老服务是社会保障的重要组成部分，在应对日益严重的老龄化问题中发挥着稳定和调节作用。但社会养老服务只有在适应区域社会经济发展及老年人需求的前提下才能发挥其保障作用，推动养老事业与区域经济社会的良性发展。农村社区居家养老是解决农村老年人养老问题的有效途径，对于保障农村老年人的生活照顾、医疗保健、精神慰藉有重要作用。应基于养老资源区域差异及养老服务需求群体差异，开展适应性强和可持续的社区居家养老服务。

第一节　农村社区居家养老服务开展的基本原则

在实施和发展农村社区居家养老服务过程中，应该基于适应区域差异和尊重群体差异，考虑不同区域经济社会发展差异，以满足农村老年人养老服务的基本需求为前提，构建和优化分区域、分层次的农村社区居家养老服务模式，基于社会经济发展规律和老龄化趋势建立分步实施、动态调整的发展规划。

一、保障基本养老服务能力

家庭赡养是农村老年人养老的基础和主体，但是在家庭结构变化以及劳动力流动等因素作用下，家庭养老的基础受到冲击，家庭养老功能日益弱化。社区居家养老服务则可以社会支持的形式向农村老人提供生活照料、医疗保健和精神慰藉等方面的服务。在经济落后的农村，青壮年劳动力外流现象普遍，老龄化严重，老年人养老更需要社会养老服务的支持。

然而，农村地区，尤其是落后地区的农村在开展社区居家养老服务时受限于经济条件。因此，开展农村社区居家养老服务首先要保障基本养老服务能力，满足农村老年人的基本养老服务诉求。

二、使基本养老服务具有公平性

农村老年人养老的内生、外生资源相对缺乏，城乡居民基本养老保险和城乡居民基本医疗保险让农村老年人有了社会保障制度的支持，在一定程度上缓解了农村老年人的经济压力。但城乡居民基本养老保险和城乡居民基本医疗保险所提供的保障只能解决老年人的经济问题，并不能解决其服务问题。以社会需求为导向的社会养老服务是解决老年人养老服务问题的重要途径，是社会保障的重要内容。社区居家养老服务作为一种社会养老服务，是基本公共服务的主要组成部分。但是，目前社区居家养老服务在农村，特别是落后地区农村的覆盖面有限，很多农村老年人没有享受社区居家养老服务的机会。为此，应积极扩大社区居家养老服务在农村地区的覆盖面，使基本养老服务具有公平性。

三、考虑养老服务供给的差异性

首先，要考虑区域经济社会发展水平的差异，因地制宜地发展社区居家养老服务。如近郊农村的经济发展水平较远郊农村高，且社区医疗卫生机构、活动场所等社区资源相对丰富，因此可以优先发展近郊农村的社区居家养老服务，建立社区居家养老日间照料中心、社区老年活动中心等，以起到示范作用，带动远郊地区社区居家养老服务的发展。对于远郊农村，经济水平低以及社区资源短缺，可考虑先发展互助养老，使其成为农村养老服务社会化过渡的有效形式。其次，要考虑老年人对养老服务的不同需求，分轻重缓急地供给农村社区居家养老服务。最后，要考虑特殊群体的差异化需求，以保证养老服务资源发挥更大的养老效用，如针对农村“空巢”老年人及女性老年人，在为其提供养老服务时应注重他们的特殊需求。

第二节　农村社区居家养老服务的发展路径

本书立足需求，以差异化的视角探讨农村社区居家养老服务的发展路径。一方面，农村社区居家养老服务的开展要适应农村的自然环境和社会经济条件，基于有限的养老服务资源进行有效分配，在老龄化逐步深化的态势下实现可持续发展；另一方面，养老服务的针对性供给不仅要更好地满足老年人的养老需求，还要促进养老服务资源的效用最大化。

一、加强农村社区的建设

社区居家养老服务的载体是社区，但农村的社区建设很薄弱。为充分发挥社区在养老中的重要作用，应加强农村社区建设。农村社区建设应从服务体系的建设与完善出发，为养老服务的开展提供有效支持。此外，与城市社区相比，农村社区建设更为复杂艰难。为此，农村社区建设应根据农村的实际情况采取多元化的建设方式。

（一）加强农村基层组织的建设

农村基层组织是农村社区的主干，在农村社区建设中起主导作用，因此，要加强农村基层组织的建设，使之具有良好的服务能力和治理能力。为此，一要提高农村基层人员的文化水平和工作能力，以提高其业务服务水平；二要优化基层人员结构，以提升基层组织服务能力，如恩施市龙凤镇让村医进村级领导班子。

（二）充分发挥社会组织的作用

社会组织是农村社区的脉络，在农村社区建设中起辅助作用。农村社区要拥有社区功能，社会化组织建设是一个重要手段。例如，妇联可以利用自身职能关注女性老年人的养老困难，在基层组织和女性老年群体之间发挥协调纽带作用；农村合作社、农民艺术团及志愿服务队等社会组织，通过开展活动可有效提升社区的凝聚力。另外，农村合作社也可以和公益组织合作，在农村社区居家养老建设中释放更大的能量。

（三）建设多元化的农村社区

距离决定了农村受城市辐射的大小，在一定程度上造成近郊农村和远郊农村在交通、居住等多方面的差异。一般而言，近郊农村的交通更加便利，从辖区穿过的交通干道使近郊农村聚落呈片状分布，村民居住相对更集中。此外，近郊农村由于靠近城市，居民更多从事非农业生产，受城市的影响更大。因此，在近郊农村进行社区建设可考虑以行政村为单元，以城镇社区模式为导向，利用新农村建设引导居民集中居住，加强社区的基础设施建设。同时需要注意的是，近郊农村从事农业生产的居民数量也不少，社区建设要兼顾居民的农耕生产生活习惯，不能完全照搬城市的社区建设模式。

与近郊农村相比，远郊农村的交通一般不便利。如本书调查的沙地乡、新塘乡及红土乡不仅距离城区较远，距离主要干道也很远，这些区域的农村聚落通常依赖当地的自然地理环境，呈现满天星的分布态势。居民院落较为分散，院落之间的距离几十米到几百米不等，且居民大多从事农业生产。此外，在远郊农村以土家族为主的少数民族居民占比较高，宗亲关系浓厚，观念传统。因此，远郊农村不适宜采用以行政村为单元的方式建设社区，而以自然村为单元建设社区的可操作性更强。值得注意的是，在远郊农村采取这种社区建设模式虽然不会对村落的基础设施建设及公共服务有太大的改善，但远郊农村居民更强的宗亲关系能让以自然村为单元建设的社区更有凝聚力。

二、基于区域差异设计农村社区居家养老服务实施方案

近郊农村和远郊农村居民的聚居状态有较大差异，近郊农村呈现聚落片状分布的特征，而远郊农村大多呈现满天星分布的格局。此外，与近郊农村相比，远郊农村青壮年劳动力外流数量更多，老龄化和“空心化”更严重。老龄化和“空心化”必然影响劳动力的供给，从而给经济发展带来消极影响。也就是说，近郊农村和远郊农村的社会经济发展情况有较大差异。开展社会养老服务必须适应社会经济的发展，既要保证农村老年人

“老有所养”，又要不影响其可持续发展。社区居家养老服务的需求呈现显著的区域差异。为此，在近郊农村和远郊农村应设计不同的社区居家养老服务实施方案，与区域居住特征和社会经济发展相适应。

（一）近郊农村建立社区居家养老服务中心，发挥示范作用

近郊农村的聚落呈现片状分布，加上交通便利，因此在中心区域建设养老服务设施具有良好的可及性和辐射性。同时，近郊农村经济的可持续发展受老龄化的影响相对较小，社区居家养老服务中心的建立及养老服务的供给更具有可行性。一是社区居家养老服务中心可以汇聚众多养老服务资源，吸引不同的社会主体参与社会养老服务事业，从而优化养老服务资源的配置；二是社区居家养老服务中心有能力提供多样化的养老服务，能更好地满足老年人的养老服务诉求。此外，优先发展近郊农村社区居家养老服务中心可以起到示范作用，进而推动农村社区居家养老服务的发展。

（二）远郊农村建立互助养老服务中心，发挥过渡作用

远郊农村经济发展水平相对低下，交通不便利，人口居住分散，远不具备建立社区居家养老服务中心的条件，如资金的投入有限、社区居家养老服务中心选址难、服务人员短缺等。但不容忽视的是，远郊农村“空心化”更为严重，且老年人对社区居家养老服务的需求很大。因此，在远郊农村建立互助养老服务中心更具有可行性。互助养老作为一种社会交换行为，以老年人之间相互帮助为核心。同时，互助养老需要以一定的血缘、亲缘及地缘关系为基础。在恩施市的远郊农村，少数民族村民占比较高，尤其是土家族。土家族独有的饮食习惯和风尚，为开展互助养老提供了良好的社会基础。在本书的调查对象中，远郊农村地区的老年人当被问及在条件允许的情况下是否愿意为其他老年人提供力所能及的帮助时，表示非常不愿意和不太愿意的比例分别为2.7%和21.6%，表示一般的比例为38.6%，表示比较愿意和非常愿意的比例分别为28.7%和8.4%，可见在远郊农村开展互助养老具备一定的现实基础。另外，互助养老虽然是老年人之间的互助行为，但需要政府、村集体的引导和支持。例如，村委会应利用闲置的学校、住所等作为互助养老服务中心，为老年人创造良好的养老环境。此外，政府应给予相应经济资助，制定相关政策，推进互助养老服

务的发展，使其向社会化养老服务过渡，即远郊农村在近郊农村社区居家养老服务发展的示范作用下，经由互助养老服务过渡，待条件成熟时再开展社区居家养老服务。

三、基于老年人需求差异提供农村社区居家养老服务

（一）根据老年人需求程度提供养老服务

在农村，尤其是在经济落后地区的农村，开展社区居家养老服务严格受到预算约束，服务难以在短时期内面面俱到。因此，根据老年人的需求，结合现有的社会资源提供养老服务不仅能满足老年人最为迫切的需求，还能适应当地的实际发展情况。例如，本书调查的对象中，农村老年人对医疗保健服务的需求程度最高，其次为精神慰藉服务，最后为生活照顾服务。为此，要按以下原则开展农村社区居家养老服务。

首先，加强村卫生室的建设，以满足老年人的医疗保健服务需求。要充分发挥农村基层医疗卫生机构的功能，这是社区居家养老服务可持续发展的重要基础。村卫生室是农村最基层的医疗卫生机构，是农村三级卫生服务网的网底，是农村居民获得基本医疗卫生服务的载体。但现有的村卫生室与城市社区医疗机构相比，无论是在硬件设施，还是在人员配置方面都明显落后，更缺乏服务老年人的能力。

在近郊农村，由于村民居住较为集中，具有建立农村社区居家养老服务中心的可行性。加强近郊农村基层医疗卫生机构的建设，可以更好地为农村老年人提供医疗保健服务。因此，要改善村卫生室的硬件条件，提高医护人员的医疗知识水平和业务技能。在提高对多发病、常见病诊治能力的同时，增强服务老年群体的能力，特别是提升防治老年人慢性病以及老年人出院恢复期的康复护理能力，与社区居家养老服务中心相互协作，以满足农村老年人的医养需求。

在远郊农村，地理位置的偏远导致医疗服务的可及性差，村卫生室的合理布局是改善这种状况的有效途径。由于远郊农村人口居住相对分散，如果仅按一个行政村一个诊所的方式设置村卫生室，一些村民到村卫生室的距离仍然较远。因此，可根据地形及人口分布对村卫生室合理布局。村

卫生室的合理布局能有效缩短村民就医的出行距离和时间，特别是对于子女不在身边的“空巢”老年人而言，就医便捷性对其非常重要。此外，乡镇卫生院是农村三级卫生服务网络的“枢纽”，有承上启下的作用。对于偏远、交通不便的远郊农村，可以开设“流动诊所”，提供免费体检及健康咨询等服务，以满足当地村民，尤其是老年人的基本医疗需求。

其次，加强农村老年人活动场所的建设，以满足老年人精神慰藉服务需求。随着交通的日益便利、互联网络的快速普及，农村与外界的联系越来越紧密，村民的思想逐渐开放，老年人对精神文化生活的需求越来越多。在新农村的建设下，农村公共服务设施虽有了很大改善，但仍然不能满足老年人的需求。例如，在本书调查的研究区域中，农村的健身活动场所大多数是露天的，而武陵山区的多雨多雾天气使得户外活动受到很大限制。另外，受山区地形限制，跳舞健身活动场所布局不尽合理，老年人前往不便捷，因此农村老年人活动场所的建设不仅要被提上日程，还要因地制宜。一是将农村老年人活动场所的建设纳入农村发展规划，通过政府预算、福利彩票公益资金及社会捐赠等多种渠道筹措建设资金。二是农村活动场所的布局要合理，要综合地形、人口等因素灵活、恰当选址，方便老年人前往。三是利用废旧学校、村委会等建设老年人室内活动场所，以减少因气候导致活动受限的情况。

最后，通过互助养老，满足老年人生活照料需求。除医疗保健、康复护理等养老服务须由专业人员提供外，基本的生活照料、聊天解闷等服务可由非专业人员提供，因而老年人之间可以互助养老。一是互助养老可以充分利用老年人资源，并引导老年人建立积极心态。二是互助养老是基于农村经济落后、地形等条件的现实选择。三是互助养老在落后地区农村有着天然的实施土壤。

（二）引导社会资源提供多样化的养老服务

农村老年人对社区居家养老服务的需求除了存在区域差异外，在不同老年群体之间也有较强的异质性。例如，农村“空巢”老年人的心理健康状况堪忧，对心理慰藉服务的需求较多，尤其对陪同聊天和心理咨询的需求较大。再如，农村女性老年人长期处于弱势地位，更需要社会的关心和支持。但受制于农村经济落后的现实背景，短期内难以实现社区居家养老服务的多样化。为此，应鼓励社会力量参与，扩大社区居家养老服务的有效供给，实现社区居家养老服务的多样性。具体而言，首先，政府要制定实施社区居家养老服务项目的目录，规范和公开养老服务的质量标准，明确供给、运营方式及评价监管等要求；其次，要发挥慈善组织、公益化组织在社区居家养老服务提供中的重要作用，出台激励保障措施。此外，顺畅志愿者和服务需求者的信息交互渠道，健全志愿者服务登记制度。这样多元主体的参与可促进养老服务的多样化，进而满足老年人的不同需求。

（三）通过信息化渠道架设老年人与养老服务提供者之间的桥梁

如同其他农村公共产品一样，社区居家养老服务面临供给不足、供给扭曲等问题，导致养老服务资源无法被有效利用。为此，要通过信息化渠道架设老年人与养老服务提供者之间的桥梁。相关部门应联合建立农村老年人信息档案数据库，记录老年人的年龄、婚姻状况、居住方式、收入情况、体检结果、慢性病、自理能力等情况。同时，相关部门应建立养老服务信息平台，实现养老服务质量反馈、养老服务定制及志愿者信息发布等功能，以实现下述目标：一是根据老年人的不同情况，提供具有针对性的养老服务产品；二是老年人通过平台可以对养老服务质量进行反馈，并表达对养老服务的诉求；三是推动医疗机构的线上、线下合作，充分利用医疗资源；四是通过分析各区域老年人基本情况及其养老服务需求，对各区域人口老龄化趋势做出预测和判断，并动态调整养老服务项目。通过建立信息化档案，将老年人的需求与养老服务的提供者紧密联系起来并进行互动，以促进养老服务资源的有效利用，提高养老服务水平。

第三节　农村社区居家养老服务潜在需求向有效需求的转化

社区居家养老服务的无偿提供仅针对少数特殊群体，大多数老年人只有通过付费才能享受服务，所以社区居家养老服务在很大程度上是一种准公共产品。本书所称的需求仅指需求意愿，即潜在需求。农村社区居家养老服务模式要可持续发展，真正解决农村老年人养老难题，就要使老年人的需求意愿变成实际需求的，即将潜在需求转化为有效需求。但是，在农村，特别是落后地区农村，许多老年人也会受制于有限的经济条件而无力支付社区居家养老服务费用。如在本书调查的对象中，当被问及是否接受支付少量费用享受服务时，有超过一半的老年人表示不能接受，主要原因是没有经济条件。可见，潜在需求只是有效需求的基础，为此应提高农村老年人的购买力，促进其潜在需求向有效需求转化。

（一）完善城乡居民基本养老保险待遇，提高农村老年人经济保障水平

由新农保到城乡居民基本养老保险，农村居民养老保险从无到有，从二元到城乡统筹，使农村老年人有了正式的社会支持，且日趋完善。“保基本”是城乡居民基本养老保险的指导方针，即满足居民的基本生活需求，但城乡居民养老保险的保障水平较低，且短时间内不可能大幅度提高。也就是说，城乡居民基本养老保险金难以成为老年人的主要生活来源。对农村经济弱势群体，如女性老年人的作用有限。为此，一方面，政府应根据财政状况、城乡居民收入增长及物价变动等因素提高基础养老金水平；另一方面，应采取激励性缴费机制，增加城乡居民基本养老保险的参保积极性并逐渐提高个人账户积累，提高城乡居民基本养老保险待遇。此外，相关部门要关注农村女性老年人，在制定养老政策时适当向农村女性老年人倾斜，对贫困的农村女性老年人提供专项救济。

（二）促进集体经济产业升级，引导近郊征地农民参加商业养老保险

对近郊农村而言，要通过升级集体经济产业，使蔬菜种植及茶叶生产实现产业化和品牌化，发挥集约化发展的优势，为社区居家养老建设提供经济支持。此外，在近郊农村，尤其是城乡接合部农村，受城市化影响和土地被征用情形较多。被征地农民生活没有保障，不确定性加大。为此，除了动员被征地农民参加社会养老保险外，还要引导其利用征地补偿款参加商业养老保险，如此，被征地农民可以获得更高的经济保障，以提升其对养老服务的购买能力。

（三）参考种地面积，适度增加远郊农村老年人的农业生产补贴

根据种地面积适度增加农村老年人农业生产补贴，可以改善农村老年人的经济状况。鉴于远郊农村居民居住分散，基础设施建设难以发挥其效能，随着人口的迁徙，一部分基础设施建设可能被遗弃。因此，政府在保证远郊农村基本建设的前提下，把一定资金用于增加远郊农村老年人农业生产补贴上。

第四节　本章小结

本章探讨了基于区域和群体差异的农村社区居家养老服务的开展。开展农村社区居家养老服务面临的首要问题是农村社区的建设，只有建立充满活力和凝聚力的社区，才能有效开展社区居家养老服务。此外，农村社区建设应根据地域差异实行多元化建设。

基于近郊农村和远郊农村的区域差异，提出了不同的社区居家养老服务实施方案。近郊农村应建立社区居家养老服务中心，发挥其示范作用；远郊农村应以互助养老服务中心为主，发挥其过渡作用。同时，要适应老年人需求差异，提供农村社区居家养老服务，如根据老年人需求程度，引导社会资源提供多样化养老服务，以及通过信息化渠道架设老年人与养老服务提供者之间的桥梁。

社区居家养老服务是一种准公共产品，仅对少数特殊群体无偿提供，大部分老年人必须付费才能享受。农村老年人购买能力低，在很大程度上制约了其潜在需求向有效需求转化。为此，要提高农村老年人的收入水平，增强其购买力，使其潜在需求转化为有效需求。

第八章

结论与展望

本书基于需求差异，选择恩施市街道办事处下辖农村，龙凤坝镇、白杨坪镇、沙地乡、新塘乡、红土乡农村作为研究区，通过调查进行理论分析和实证检验，研究了农村老年人对社区居家养老服务的需求。其中，重点研究了不同区域、不同群体的农村老年人对社区居家养老服务的需求。本章对全书进行总结，并针对研究的不足提出展望。

第一节　研究结论

一、恩施市农村老年人社区居家养老服务的需求特征及影响因素

本书首先从整体上分析了恩施市农村老年人社区居家养老服务的需求特征及影响因素。整体上看，恩施市农村老年人对社区居家养老服务的需求水平不高。在三大类服务中，对医疗保健服务的需求水平最高，其次是精神慰藉服务，对生活照顾服务的需求水平最低。在社区居家养老 12 个具体服务项目中，恩施市农村老年人对定期体检、健康咨询、上门看病及棋牌场所的需求较大。

个体特征、家庭特征、经济特征及地区特征是影响恩施市农村老年人社区居家养老服务需求的主要因素。其中，影响尤为显著的是地区特征和家庭特征中的居住状况。此外，虽然个体特征中的性别因素对农村老年人社区居家养老服务需求的影响不显著，但考虑到农村女性老年人长期以来的弱势地位及其沉默习惯，性别因素的影响值得关注。

二、恩施市农村老年人社区居家养老服务需求的区域差异

鉴于地区特征是影响恩施市农村老年人社区居家养老服务需求的重要因素，本书基于区域差异，比较了农村养老资源及社区居家养老服务需求的区域差异，并探析了家庭养老资源对近郊、远郊农村老年人社区居家养老服务需求的影响。

受区域发展不均衡的影响，近郊、远郊农村的养老资源存在差异，主要体现为远郊农村老年人拥有的隶属于自我资源的健康资源、家庭资源以及社区资源不及近郊农村老年人。但近郊农村的失地问题、养老保障覆盖面问题以及城市效应给近郊农村老年人养老服务带来的问题也值得关注。

在对社区居家养老服务的需求上，总体上看，远郊农村老年人均对生活照顾服务和医疗保健各项服务有更多需求；在精神慰藉服务方面，近郊农村老年人对提供棋牌场所和提供跳舞健身场所有更多需求，远郊农村老年人则对陪同聊天和心理咨询有更多需求。

家庭养老资源对近郊、远郊农村老年人社区居家养老服务需求均有影响，家庭养老资源越丰富，对社区居家养老服务的需求越少。同时，家庭养老资源对远郊农村老年人的需求影响更大，这说明家庭养老资源对远郊农村老年人仍然发挥着难以替代的作用。但是，由于远郊农村年轻劳动力外迁更为普遍，家庭养老资源日益短缺。

三、恩施市农村老年人社区居家养老服务需求的群体差异

鉴于居住状况和性别是影响恩施市农村老年人社区居家养老服务需求的重要因素，本书基于群体差异，分析了农村“空巢”老年人的形成原因、生活状况以及生活满意度。同时，分析了农村“空巢”老年人对社区居家养老服务的需求特点，以及健康状况、“空巢”原因对农村“空巢”老年人社区居家养老服务需求的影响。针对农村女性老年人，比较分析了其生活状况，以及在社区居家养老服务需求上与男性老年人的差异，并分析了经济状况对农村老年人社区居家养老服务需求影响的性别差异。

农村青壮年劳动力的外迁是农村“空巢”老年人形成的主要原因，农

村“空巢”老年人面临着子女经济供养不足、子女生活照顾及情感慰藉缺位的问题。同时，农村“空巢”老年人的生活满意度比非“空巢”老年人的低。总体上，与非“空巢”老年人相比，农村“空巢”老年人对社区居家养老三大类服务的需求均更高。具体而言，对医疗保健服务的需求最多，其次为精神慰藉服务，最后为生活照顾服务。同时，在心理慰藉服务方面，需要陪同聊天和心理咨询的远郊农村“空巢”老年人更多。在健康状况、“空巢”原因对农村“空巢”老年人社区居家养老服务需求的影响方面，子女外出务工形成的远郊农村“空巢”老年人明显对生活照顾服务和精神慰藉服务有更多的需求。此外，慢性病种类数越多的农村“空巢”老年人对医疗保健服务的需求越多。同时，焦虑感对农村“空巢”老年人生活照顾服务、医疗保健服务和精神慰藉服务的需求均有重要影响，有焦虑感的农村“空巢”老年人对这些服务的需求明显增加。

与农村男性老年人相比，农村女性老年人的经济状况和身体状况均更差，加上丧偶的比例高，其面临着更多的问题。但是，农村女性老年人并没有因此对社区居家养老服务表现出更高的需求，可能因为农村女性老年人是沉默的弱势群体，即隐匿了自己的需求。值得注意的是，经济状况对农村女性老年人社区居家养老服务的需求有重要的正向影响，但与农村男性老年人相比，其正向影响程度较低。

四、基于区域和群体差异的农村社区居家养老服务的开展

社区是开展社区居家养老服务的重要载体，农村社区居家养老服务建设面临的首要问题是农村社区的构建问题。只有建立充满活力和凝聚力的社区，才能有效发挥社区的养老服务功能。建设农村社区的关键是加强农村基层组织和社会化组织的建设，通过基层组织和社会化组织的相互合作、相互补充，充分发挥社区对农村老年人养老的支持力。此外，农村社区应根据地域差异实行多元化建设。

根据近郊农村和远郊农村的实际情况，提出了不同的社区居家养老服务实施方案。近郊农村应以建立社区居家养老服务中心为主，发挥示范作用；远郊农村则应以建立互助养老服务中心为主，发挥过渡作用。同时，

要适应老年人的需求差异提供社区居家养老服务项目。如根据老年人需求进行服务的供给，引导社会资源提供多样化的养老服务，以及通过信息化渠道架设老年人与养老服务提供者之间的桥梁。

社区居家养老服务是准公共产品，仅对少数特殊群体无偿提供，大部分老年群体只有付费才能享受。农村老年人购买能力低，在很大程度上制约了其潜在需求向有效需求转化。为此，应提高农村老年人的收入水平，提高其购买力，将其潜在需求转化为有效需求。例如，提高城乡居民基本养老保险的保障水平，引导近郊征地农民参加商业保险，适度增加远郊农村老年人农业生产补贴。

第二节　研究不足与展望

本书所有数据主要由笔者组织学生调研所获，受时间和经费限制，调研地点不多。此外，由于农村老年人文化程度普遍较低，理解能力有限，加大了调研难度，致使某些数据与实际存在误差。

同时，由于能力所限，研究视角不够开阔，问卷的问题设置难免存有不足，评价指标不够科学，不能全面准确地反映被调查对象的情况。此外，本书基于恩施市农村的调查数据，对农村老年人社区居家养老服务的需求进行研究。恩施市位于武陵山区，虽然研究能对武陵山区农村社区居家养老服务的开展有一定参考价值，但仅以恩施市农村为研究区，其代表性不够，研究结果不能全面反映农村老年人社区居家养老服务需求的总体情况。

鉴于以上不足，后续研究中将致力于完善调查问卷的内容设置，构建更合理的指标体系，并结合其他地区的农村社区居家养老服务进行研究，使研究结论更具有代表性。此外，还将加强对理论框架与实证分析的整合，使对策建议更具有参考价值。

参考文献

一、中文参考文献

［1］白义霞．区域经济非均衡发展理论的演变与创新研究：从增长极理论到产业集群［J］．经济问题探索，2008（4）：22-24.

［2］蔡松．农村空巢老人居家养老服务需求研究［D］．重庆：重庆工商大学，2015.

［3］陈秀山，石碧华．区域经济均衡与非均衡发展理论［J］．教学与研究，2000（10）：12-18.

［4］陈晓敏，杨柳．现代化进程中的空巢家庭［J］．中华女子学院学报，2004（1）：35-38.

［5］陈树强．增权：社会工作理论与实践的新视角［J］．社会观察，2004（1）：45-45.

［6］陈立新，姚远．社会支持对老年人心理健康影响的研究［J］．人口研究，2005（4）：73-78.

［7］陈建兰．城市空巢老人生活状况的调查与分析［J］．社会科学辑刊，2009（4）：41-45.

［8］陈建兰．经济较发达地区农村空巢老人养老问题实证研究：以苏州农村为例［J］．中国农村观察，2009（4）：47-56.

［9］陈友华．居家养老及其相关的几个问题［J］．人口学刊，2012（4）：51-59.

［10］程令国，张晔，刘志彪．"新农保"改变了中国农村居民的养老模式吗？［J］．经济研究，2013（8）：42-54.

［11］邓大松，林毓铭，谢圣远．社会保障理论与实践发展研究［M］.

北京：人民出版社，2007：85-89.

[12] 邓莉莉，周可达．城市社区居家养老服务研究：以广西为例［J］．学术论坛，2014（12）：133-137.

[13] 狄金华，魏利香，钟涨宝．老人居住模式与养老资源获取：对谢桂华研究的再检验［J］．北京社会科学，2014（5）：65-72.

[14] 丁建定．居家养老服务：认识误区、理性原则及完善对策［J］．中国人民大学学报，2013（2）：20-26.

[15] 丁志宏，王莉莉．我国社区居家养老服务均等化研究［J］．人口学刊，2011（5）：83-88.

[16] 杜本峰，王旋．老年人健康不平等的演化、区域差异与影响因素分析［J］．人口研究，2013（5）：81-90.

[17] 杜鹏，孙鹃娟，张文娟，等．中国老年人的养老需求及家庭和社会养老资源现状：基于2014年中国老年社会追踪调查的分析［J］．人口研究，2016（6）：49-61.

[18] 恩施市统计局．各地区分性别的户籍人口状况［EB/OL］．［2014-06-30］. http：//www.estjj.gov.cn/uploadfile/2014/table/T1-03.htm.

[19] 恩施市龙凤镇人民政府公众信息网．龙凤镇基本情况介绍［EB/OL］．［2015-08-29］. http：//www.eslongfeng.com.cn/Article/ShowArticle.asp？ArticleID=5801.

[20] 恩施市新塘乡人民政府公众信息网．新塘概况［EB/OL］．［2015-09-14］. http：//www.esxt.gov.cn/zjxt/xtgk/201509/t20150914_153513.htm.

[21] 恩施市新塘乡人民政府公众信息网．中心卫生院简介［EB/OL］．［2015-05-09］. http：//xintang.es.gov.cn/zjxt/dwmp/201509/t20150909_152814.htm.

[22] 恩施土家族苗族自治州统计局．2015恩施州统计年鉴［EB/OL］．［2016-12-05］. http：//www.esz.gov.cn/2016/1205/289168.shtml.

[23] 恩施土家族苗族自治州人民政府．2017恩施州统计年鉴［EB/OL］．［2018-12-27］. http：//www.enshi.gov.cn/sj/tjnj/201812/t20181227_392272.shtml.

[24] 范斌．弱势群体的增权及其模式选择［J］．学术研究，2004

(12)：73-78.

［25］方菲．劳动力迁移过程中农村留守老人的精神慰藉问题探讨［J］．农村经济，2009（3）：107-110.

［26］方黎明．社会支持与农村老年人的主观幸福感［J］．华中师范大学学报（人文社会科学版），2016（1）：54-63.

［27］封婷，陈茗．厦门市城区空巢老年人生活质量综合评析［J］．南方人口，2008（2）：37-43.

［28］高歌，高启杰．农村老年人生活满意度及其影响因素分析：基于河南省叶县的调研数据［J］．中国农村观察，2011（3）：61-68.

［29］耿永志．社区居家养老服务中心建设存在的问题：以石家庄市老年人抽样调查为基础［J］．现代经济探讨，2013（5）：79-82.

［30］郭竞成．居家养老模式的国际比较与借鉴［J］．社会保障研究，2010（1）：29-39.

［31］郭竞成．农村居家养老服务的需求强度与需求弹性：基于浙江农村老年人问卷调查的研究［J］．社会保障研究，2012（1）：47-57.

［32］国家应对人口老龄化战略研究老年妇女问题研究课题组．中国城乡老年人基本状况问题与对策研究［M］．北京：华龄出版社，2014：10-12，38-39.

［33］国家应对人口老龄化战略研究老年妇女问题研究课题组．老年妇女问题研究［M］．北京：华龄出版社，2014：143-150.

［34］郝晓宁，薄涛．我国城市老年人口的社会网络及社区养老分析：基于北京市的抽样调查［J］．中国卫生政策研究，2012（2）：17-23.

［35］贺寨平．国外社会支持网研究综述［J］．国外社会科学，2001（1）：79-85.

［36］贺寨平．社会经济地位、社会支持网与农村老年人身心状况［J］．中国社会科学，2002（3）：135-148.

［37］贺寨平．农村老年人社会支持网：何种人提供何种支持［J］．河海大学学报（哲学社会科学版），2006（3）：9-12.

［38］胡宏伟，串红丽，杨帆，等．我国老年人心理症状及其影响因素研究［J］．西南大学学报（社会科学版），2011（6）：145-152.

［39］胡宏伟，李玉娇，张亚蓉．健康状况、社会保障与居家养老精

神慰藉需求关系的实证研究［J］. 西华大学学报（哲学社会科学版），2011（4）：91-98.

［40］胡宏伟，李玉娇，张亚蓉. 健康状况、群体差异与居家养老服务保障需求：基于城乡老年人调查的实证分析［J］. 广西经济管理干部学院学报，2011（2）：30-41.

［41］胡宏伟，时媛媛，肖伊雪. 公共服务均等化视角下中国养老保障方式与路径选择：居家养老服务保障的优势与发展路径［J］. 华东经济管理，2012（1）：119-123.

［42］胡宏伟，张亚蓉，郭牧琦. 心理健康、城乡差异与老年人的居家养老保障需求研究［J］. 中北大学学报（社会科学版），2012（2）：1-9.

［43］胡洪曙，鲁元平. 收入不平等、健康与老年人主观幸福感：来自中国老龄化背景下的经验证据［J］. 中国软科学，2012（11）：41-56.

［44］侯蔺. 我国农村空巢老年人问题研究现状与评述［J］. 老龄科学研究，2015（9）：52-61.

［45］黄润龙. 我国空巢老人家庭状态［J］. 人口与经济，2005（2）：57-62.

［46］黄顺春. 需要与需求辨析［J］. 全国商情·经济理论研究，2005（8）：42-43.

［47］黄鹂. 关注老年妇女问题：以安徽为例分析［J］. 安徽大学学报（哲学社会科学版），2007（4）：44-47.

［48］黄俊辉，李放，赵光. 农村社会养老服务需求评估：基于江苏1051名农村老人的问卷调查［J］. 中国农村观察，2014（4）：29-41.

［49］黄俊辉，李放，赵光. 农村社会养老服务需求意愿及其影响因素分析：江苏的数据［J］. 中国农业大学学报（社会科学版），2015（2）：118-126.

［50］黄秀女，伍德安. 养老服务何去何从：对家庭养老资源的评价与思考［J］. 江西财经大学学报，2015（6）：65-74.

［51］贾云竹. 中国老年妇女的经济地位状况分析［J］. 浙江学刊，2007（1）：207-213.

［52］姜向群，杨菊华. 中国女性老年人口的现状及问题分析［J］.

人口学刊，2009（2）：48-52.

［53］姜向群，郑研辉．中国老年人的主要生活来源及其经济保障问题分析［J］．人口学刊，2013（2）：42-48.

［54］姜爱华，马静．北京市城乡接合部社会保障的问题与对策研究［J］．中国行政管理，2012（8）：79-83.

［55］江海霞，陈雷．养老保障需求视角下的城市空巢老人居家养老服务模式［J］．前沿，2010（3）：155-159.

［56］江立华，谷玉良．近郊农村居民户籍制度改革与市民化路径探索［J］．学习与实践，2015（1）：85-93.

［57］焦克源，孔倩文．农村空巢老人的养老现状、问题与出路：基于内蒙古卓资县的调查［J］．广东农业科学，2011（15）：190-193.

［58］金岭．老年人生活满意度的影响因素及其比较分析［J］．人口与经济，2011（2）：85-91.

［59］景天魁．创建和发展社区综合养老服务体系［J］．苏州大学学报（哲学社会科学版），2015（1）：29-33.

［60］李强．社会支持与个体心理健康［J］．天津社会科学，1998（1）：66-69.

［61］李瑞芬，蒋宗凤．空巢家庭问题探析［J］．北京教育学院学报，2006（3）：40-43.

［62］李安彬，严建雯，陈传锋．空巢家庭老年人的心理问题与社会支持［J］．海南师范大学学报（社会科学版），2007（6）：160-163.

［63］李兵，张文娟，洪小良．社区居家养老服务的政策体系研究：以北京市月坛街道为例［J］．北京行政学院学报，2008（1）：79-83.

［64］李芳．老年人精神需求及其社会支持网的构建［J］．学术交流，2012（8）：116-119.

［65］李放，樊禹彤，赵光．农村老人居家养老服务需求影响因素的实证分析［J］．河北大学学报（哲学社会科学版），2013（5）：68-72.

［66］李建新，李毅．性别视角下中国老年人健康差异分析［J］．人口研究，2009（2）：48-57.

［67］李建新，李嘉羽．城市空巢老人生活质量研究［J］．人口学刊，

2012（3）：31-41

［68］李建新，冯莹莹，杨鹏．农村空巢老人生活质量研究［J］．老龄科学研究，2014（5）：3-13.

［69］李伟．农村社会养老服务需求现状及对策的实证研究［J］．社会保障研究，2012（2）：29-35.

［70］李忠桥．浅谈城市近郊和远郊农村在统筹城乡过程中的功能定位［J］．中共太原市委党校学报，2014（6）：36-38.

［71］李兆友，郑吉友．农村社区居家养老服务需求强度的实证分析：基于辽宁省S镇农村老年人的问卷调查［J］．社会保障研究，2016（5）：18-26.

［72］李玉娇．医疗保障水平、服务认知差异与养老方式选择：制度效果会影响老年人居家养老需求吗？［J］．华中农业大学学报（社会科学版），2016（3）：118-124.

［73］连玉君，等．子女外出务工对父母健康和生活满意度影响研究［J］．经济学（季刊），2015（1）：185-202.

［74］连祎晓，贾晓灿，鲁锋，等．河南省农村居家养老服务需求的影响因素［J］．郑州大学学报（医学版），2016（5）：606-610.

［75］林元旦．区域经济非均衡发展理论及创新［J］．中国行政管理，2004（6）：35-38.

［76］刘桂莉．养老支持力中的“精神赡养”问题：试以“空巢家庭”为例［J］．南昌大学学报（人文社会科学版），2003（1）：26-31.

［77］刘鹤妍，边文鑫，龚茴茴，等．天津市空巢与非空巢老人心理健康状况比较［J］．中国老年学，2009（14）：1792-1794.

［78］刘宏，高松，王俊．养老模式对健康的影响［J］．经济研究，2011（4）：80-93.

［79］李志宏．国家应对人口老龄化战略研究总报告［J］．老龄科学研究，2011（3）：4-34.

［80］刘晓梅．我国社会养老服务面临的形势及路径选择［J］．人口研究，2012（5）：104-112.

［81］刘春梅．农村养老资源供给及模式研究［D］．杨凌：西北农林

科技大学，2013.

［82］刘岩．远郊农村空巢化给基层党建工作带来的困境思考：以甘肃省张掖市高台县M村为例［J］．发展，2015（7）：89-90.

［83］刘欢，向运华．农村老年人劳动供给行为及其决定因素［J］．广西财经学院学报，2017（2）：37-47.

［84］路瑜．城市化进程中的大城市郊区农村老年人养老支持研究［D］．天津：南开大学，2014.

［85］卢海阳，钱文荣．子女外出务工对农村留守老人生活的影响研究［J］．农业经济问题，2014（6）：24-32.

［86］骆为祥，李建新．老年人生活满意度年龄差异研究［J］．人口研究，2011（6）：51-61.

［87］马瑞丽．农民养老中子女支持的性别差异研究［J］．华中农业大学学报（社会科学版），2015（4）：13-21.

［88］曼昆．经济学原理，微观经济学分册［M］．4版．北京：北京大学出版社，2009：73.

［89］穆光宗．家庭空巢化过程中的养老问题［J］．南方人口，2002（1）：33-36.

［90］穆光宗．家庭养老制度的传统与变革［M］．北京：华龄出版社，2002：18-21，205-206.

［91］穆光宗．人口生态重建［M］．北京：中国科学技术出版社，2016：2-4，126-128.

［92］穆光宗．“全面二孩”政策实施效果和前景［J］．中国经济报告，2017（1）：24-26.

［93］穆怀中，陈曦．人口老龄化背景下农村家庭子女养老向社会养老转变路径及过程研究［J］．人口与发展，2015（1）：2-11.

［94］宁满秀，叶菲菲．养老金收入对农村老年人生活满意度影响研究［J］．电子科技大学学报（社会科学版），2016（1）：13-19.

［95］庞亚威，朱运亮，李丽，等．人口老龄化和城镇化背景下农村养老资源的配置现状及问题研究［J］．江西农业学报，2016（10）：126-130.

［96］蒲实，廖祖君．高度关注城市近郊农村社会管理面临的难题

[J]. 农村经济，2011（7）：11-13.

[97] 钱雪飞. 城市空巢老年妇女生活状况与需求的实证研究：基于江苏省南通市易家桥社区348份问卷调查［J］. 北京社会科学，2014（9）：40-49.

[98] 钱亚仙. 老龄化背景下的社会养老服务体系研究［J］. 理论探讨，2014（1）：162-165.

[99] 钱宁. 中国社区居家养老的政策分析［J］. 学海，2015（1）：94-100.

[100] 全国老龄工作委员会办公室. 中国人口老龄化发展趋势预测研究报告［EB/OL］.［2007-12-27］. http：//www.cncaprc.gov.cn/contents/16/11224.html.

[101] 阮丹青，周路，布劳，等. 天津城市居民社会网初析：兼与美国社会网比较［J］. 中国社会科学，1990（2）：157-176.

[102] 史薇，谢宇. 家庭养老资源对城市老年人居家养老服务需求的影响研究：以北京市为例［J］. 西北人口，2014（4）：88-94.

[103] 宋斌文. 农村劳动力转移对农村老龄化的影响及其对策建议［J］. 公共管理学报，2004（2）：74-79.

[104] 苏映宇. 性别视角的城镇居民居家养老方式选择研究：基于福州市的实证分析［J］. 社会保障研究，2013（6）：27-36.

[105] 苏振芳. 人口老龄化与养老模式［M］. 北京：社会科学文献出版社，2014：63-65.

[106] 孙秋云. 社区历史与乡政村治［M］. 北京：民族出版社，2001：13.

[107] 孙鹃娟. 劳动力迁移过程中的农村留守老人照料问题研究［J］. 人口学刊，2006（4）：16-20.

[108] 孙宏伟，孙睿. 我国社会养老服务体系建设的政策选择［J］. 东北大学学报（社会科学版），2013（4）：398-402.

[109] 孙健夫，姚文朱. 我国现阶段城郊地区养老服务问题研究［J］. 经济管理，2013（10）：174-180.

[110] 谭琳，贾云竹. 2000—2010年中国老年妇女的状况变化及主要特征［J］. 老龄科学研究，2013（2）：74-82.

［111］唐咏．中国增权理论研究述评［J］．社会科学家，2009（1）：18-20.

［112］陶裕春，申昱．社会支持对农村老年人身心健康的影响［J］．人口与经济，2014（3）：3-14.

［113］田奇恒，孟传慧．城镇空巢老人社区居家养老服务需求探析：以重庆市某新区为例［J］．人口与社会，2012（1）：30-33.

［114］田毅鹏，齐苗苗．城乡接合部“社会样态”的再探讨［J］．山东社会科学，2014（6）：30-35.

［115］田北海，王彩云．城乡老年人社会养老服务需求特征及其影响因素：基于对家庭养老替代机制的分析［J］．中国农村观察，2014（4）：2-17.

［116］佟新．我国的老龄化、性别和养老政策［J］．华中科技大学学报（社会科学版），2008（2）：82-89.

［117］王银秀．关注农村“空巢”家庭的养老问题［J］．中国人口科学，2005（S1）：160-164.

［118］王玲凤．城市空巢老人心理健康状况的调查［J］．中国老年学，2009（22）：2932-2935.

［119］王全美，张丽伟．基于社会网络理论的农村养老资源整合［J］．农村经济，2009（9）：100-103.

［120］王莉莉．女性丧偶老年人的养老保障状况分析［J］．南方人口，2011（2）：31-38.

［121］王莉莉．基于“服务链”理论的居家养老服务需求、供给与利用研究［J］．人口学刊，2013（2）：49-59.

［122］王萍，李树茁．代际支持对农村老年人生活满意度影响的纵向分析［J］．人口研究，2011（1）：44-52.

［123］王晓峰，刘帆，马云博．城市社区养老服务需求及影响分析：以长春市的调查为例［J］．人口学刊，2012（6）：34-39.

［124］王德文．社区老年人口养老照护现状与发展对策［M］．厦门：厦门大学出版社，2013：118-119，129-148.

［125］王晶，朱淑鑫．丧偶老年妇女养老的家庭与社会支持［J］．湘

潭大学学报（哲学社会科学版），2014（4）：108-111.

［126］王小璐，风笑天．沉默的需求：老年女性的社会支持现状及困境［J］．妇女研究论丛，2014（2）：12-17.

［127］王俊文，杨文．我国农村养老服务需求现状及对策研究：基于江西赣州的调查［J］．江西社会科学，2014（9）：181-185.

［128］王增文．农村老年人口对养老服务供给主体的社会认同度研究:基于宗族网络与农村养老服务政策的比较［J］．中国行政管理，2015（10）：124-128.

［129］王硕．家庭结构对老年人代际支持的影响研究［J］．西北人口，2016（3）：78-83.

［130］王琼．城市社区居家养老服务需求及其影响因素：基于全国性的城市老年人口调查数据［J］．人口研究，2016（1）：98-112.

［131］王振军．农村社会养老服务需求意愿的实证分析：基于甘肃563位老人问卷调查［J］．西北人口，2016（1）：117-122.

［132］汪忠杰，何珊珊．社区居家养老服务模式探析：以武汉市为例［J］．武汉大学学报（哲学社会科学版），2014（4）：124-128.

［133］伍新木，高鑫．区域经济发展“双倒U形假说”：对倒U形理论的完善与发展［J］．理论月刊，2006（4）：63-66.

［134］吴佩芬．人口老龄化趋势下我国农村“空巢老人”养老困境及化解［J］．社会工作，2007（8）：40-43.

［135］武秀杰，武江华，陈金慧．宁波市农村空巢家庭老年人生活状况调查分析［J］．西北人口，2009（2）：58-61.

［136］邬沧萍，姜向群．老年学概论［M］．3版．北京：中国人民大学出版社，2015：4-7.

［137］向阳．试论土家族传统孝亲思想的内涵及本质［J］．民族论坛，2007（12）：20-21.

［138］向运华，姚虹．少数民族地区城市社区养老的现状与发展对策：以恩施市为例［J］．云南民族大学学报（哲学社会科学版），2016（2）：63-67.

［139］肖汉仕．我国家庭空巢现象的成因及发展趋势［J］．人口研

究，1995（5）：13-16.

［140］行红芳．老年人的社会支持系统与需求满足［J］．中州学刊，2006（3）：120-123.

［141］邢洁．城市空巢家庭与非空巢家庭老人养老状况比较［D］：武汉：华中科技大学，2007：30-32.

［142］薛伟玲，陆杰华．基于性别差异的老年日常健康照料成本研究［J］．中央财经大学学报，2012（4）：91-96.

［143］薛薇．SPSS 统计分析方法及应用［M］．3 版．北京：电子工业出版社，2013：224-227.

［144］徐宗玲．区域经济的非均衡增长与差异［J］．汕头大学学报：人文社会科学版，1996（5）：3-10.

［145］徐志文，谢方．农村社区养老合理性分析及实施对策［J］．农村经济，2005（11）：73-75.

［146］马斯洛．动机与人格［M］．许金声，译．3 版．北京：中国人民大学出版社，2007：19-30.

［147］严妮．城镇化进程中空巢老人养老模式的选择：城市社区医养结合［J］．华中农业大学学报（社会科学版），2015（4）：22-28.

［148］杨庆媛，田永中，王朝科，等．西南丘陵山地区农村居民点土地整理模式：以重庆渝北区为例［J］．地理研究，2004（4）：469-478.

［149］杨守宝．“刘易斯转折点”上农村养老资源需求层次理论分析［J］．农村经济，2010（1）：86-89.

［150］杨菊华，谢永飞．累计劣势与老年人经济安全的性别差异：一个生命历程视角的分析［J］．妇女研究论丛，2013（4）：18-29.

［151］杨矗．中国农村公共物品投资的区域分布、演变趋势及影响研究［D］．西安：西北大学，2015.

［152］杨亮承，鲁可荣．城市化进程中城郊型农村社区治理困境与策略选择［J］．农村经济，2015（5）：98-102.

［153］杨斌，丁建定．农村丧偶老年妇女养老保障方式研究：基于陕西省洛南县 W 村的调查［J］．华中农业大学学报（社会科学版），2016（3）：90-95.

［154］姚远．重视非正式支持，提高老年人生活质量［J］．人口与经济，2002（5）：45-48.

［155］姚引妹．经济较发达地区农村空巢老人的养老问题：以浙江农村为例［J］．人口研究，2006（6）：38-46.

［156］伊文斌，邓志娟．需求与需要辨析［J］．管理观察，2005（10）：17-18.

［157］亓寿伟，周少甫．收入、健康与医疗保险对老年人幸福感的影响［J］．公共管理学报，2010（1）：100-107.

［158］曾昱．社区养老服务：中国城市养老服务保障的新选择［J］．天府新论，2006（4）：104-107.

［159］曾毅．老年人口家庭、健康与照料需求成本研究［M］．北京：科学出版社，2010：41-43.

［160］赵芳，许芸．城市空巢老人生活状况和社会支持体系分析［J］．南京师大学报（社会科学版），2003（3）：61-67.

［161］赵立新．社区服务型居家养老：当前我国农村养老的理性选择［J］．广西社会科学，2006（12）：139-143.

［162］赵立新．社区服务型居家养老的社会支持系统研究［J］．人口学刊，2009（6）：41-46.

［163］赵婧．我国居家养老服务需求预测及其发展思考［D］．杭州：浙江大学，2010.

［164］赵曼，吕国营．城乡养老保障模式比较研究［M］．北京：中国劳动社会保障出版社，2010：33-34.

［165］章晓懿，刘帮成．社区居家养老服务质量模型研究：以上海市为例［J］．中国人口科学，2011（3）：83-92.

［166］章晓懿，梅强．影响社区居家养老服务质量的因素研究：个体差异的视角［J］．上海交通大学学报（哲学社会科学版），2011（6）：23-30.

［167］张文宏，阮丹青．城乡居民的社会支持网［J］．社会学研究，1999（3）：14-19.

［168］张友琴．老年人社会支持网的城乡比较研究：厦门市个案研究［J］．社会学研究，2001（4）：11-21.

[169] 张恺悌．中国人口老龄化与老年人状况蓝皮书［M］．北京：中国社会出版社，2010：143-147，214-215.

[170] 张艳．快速老龄化背景下苏州市社区养老服务体系建设研究:以沧浪区“邻里情”虚拟养老院为例［J］．社会保障研究，2010（5）：30-35.

[171] 张义祯．农村老年妇女社会支持状况实证研究：以福建省为例［J］．中共福建省委党校学报，2010（8）：71-78.

[172] 张国平．农村老年人居家养老服务的需求及其影响因素分析：基于江苏省的社会调查［J］．人口与发展，2014（2）：95-101.

[173] 张娜，苏群．农村老年人居住意愿与社会养老服务体系构建研究［J］．南京农业大学学报（社会科学版），2014（6）：62-69.

[174] 郅玉玲．老年妇女的社会支持系统研究：一项基于浙江省的分析［J］．华东理工大学学报（社会科学版），2006（2）：14-19.

[175] 中华人民共和国国家统计局．中华人民共和国 2016 年国民经济和社会发展统计公报［EB/OL］．［2017-02-28］．http：//www.stats.gov.cn/tjsj/zxfb./201702/t20170228_1467424.html.

[176] 周会敏．增权理论与传统社会工作理论之比较与反思［J］．东华大学学报：社会科学，2008（4）：285-288.

[177] 周祝平．中国农村人口空心化及其挑战［J］．人口研究，2008（2）：45-52.

[178] 周成超，楚洁，徐凌中，等．农村空巢老年人健康自评状况及影响因素分析［J］．中国公共卫生，2009（5）：559-561.

[179] 周长洪，刘颂，毛京沭，等．农村独生子女老年父母家庭结构与空巢特征：基于全国 5 区县调查［J］．人口与经济，2011（2）：7-12.

[180] 周湘莲，周勇．农村空巢老人精神养老问题研究［J］．湖南科技大学学报（社会科学版），2014（4）：101-106.

[181] 朱冬梅．老年人口生活及保障状况性别差异分析［J］．山东女子学院学报，2008（2）：25-29.

[182] 朱启戎，董强．农村老人对居家养老的认知和需求：以江苏省泰州市 P 村为例［J］．成都师范学院学报，2013（2）：55-58.

[183] 钟波，楚尔鸣．性别差异与女性养老问题研究［J］．求索，

2015（7）：25-29.

［184］邹宜珺，李梅芳．城郊居民养老现状调查研究：以烟台市为例［J］．环渤海经济瞭望，2014（6）：15-19.

二、英文参考文献

［1］AHN Y H，KIM M J. Health care needs of elderly in a rural community in Korea［J］．Public Health Nursing，2004，21（2）：153.

［2］AOUN S M，WALL D，KRISTJANSON L J，et al. Palliative care needs of terminally ill people living alone：A service provider perspective［J］．Collegian Journal of the Royal College of Nursing Australia，2013，20（3）：179-185.

［3］AYDIN R，UNAL E，GOKLER M E，et al. An evaluation of home health care needs and Quality of Life among the elderly in a semi-rural area of Western Turkey［J］．European Geriatric Medicine，2016，7（1）：8-12.

［4］BARNAY T，JUIN S. Does home care for dependent elderly people improve their mental health［J］．Journal of Health Economics，2016，45：149-160.

［5］CONNER R F，JACOBI M，ALTMAN D G，et al. Measuring Need and Demands in Evaluation Research［J］．Evaluation Review：A Journal of Applied Social Research，1985，9（6）：717-734.

［6］DI G C，RONZONI S，MARIANO A，et al. Home care prevents cognitive and functional decline in frail elderly［J］．Archives of Gerontology & Geriatrics Supplement，2004，38（9）：121-125.

［7］FUSHO S，MATSUYAMA Y，MORI H，et al. Role of Visit Nursing from the Hospital and Clinic in a Depopulated Area in A Prefecture［J］．Journal of Gifu College of Nursing，2006，6：43-50.

［8］GAO L，CAO X，ZHANG M. The Study on Community Health Education of Empty Nest Elderly［J］．Engineering，2013，5（10）：137-139.

［9］GIANNINI R，PETAZZONI E，SAVORANI G，et al. Outcomes from a

program of home care attendance in very frail elderly subjects [J]. Archives of Gerontology & Geriatrics, 2007, 44 (2): 95-103.

[10] GILES J, WANG D W, ZHAO C B. Can China's Rural Elderly Count on Support from Adult Children? Implications of Rural-to-Urban Migration [J]. Journal of Population Ageing, 2010, 3 (3): 183-204.

[11] HASH K M, NETTING F E. It takes a community: Older lesbians meeting social and care needs [J]. Journal of Gay & Lesbian Social Services, 2009, 21 (4): 326-342.

[12] HENDERSON E J, CAPLAN G A. Home sweet home? Community care for older people in Australia [J]. Journal of the American Medical Directors Association, 2008, 9 (2): 88-94.

[13] HONG T, MCROY S. Caring for and keeping the elderly in their homes [J]. Chinese Nursing Research, 2015, 2 (2): 49-55.

[14] HUANG F H. Explore Home Care Needs and Satisfaction for Elderly People with Chronic Disease and their Family Members [J]. Procedia Manufacturing, 2015, 3: 173-179.

[15] HUGHES S L, ULASEVICH A, WEAVER F M, et al. Impact of home care on hospital days: a meta analysis [J]. Health Services Research, 1997, 32 (4): 415-32.

[16] JISKA C M, JULIA F. Relationship between perceived needs and assessed needs for services in community-dwelling older persons [J]. The Gerontologist, 2008, 48 (4): 505-16.

[17] JORM L R, WALTER S R, LUJIC S, et al. Home and community care services: a major opportunity for preventive health care [J]. BMC Geriatrics, 2010, 10 (1): 26-34.

[18] KEMPEN G I, SUURMEIJER T P. Factors influencing professional home care utilization among the elderly [J]. Social Science & Medicine, 1991, 32 (1): 77-81.

[19] KOIKE S, FURUI Y. Long-term care-service use and increases in care-need level among home-based elderly people in a Japanese urban area [J].

Health Policy, 2013, 110 (1): 94-100.

[20] KUMAMOTO K, ARAI Y, ZARIT S H. Use of home care services effectively reduces feelings of burden among family caregivers of disabled elderly in Japan: preliminary results [J]. International Journal of Geriatric Psychiatry, 2006, 21 (2): 163-170.

[21] LEE S, HONG G R. Predictors of Depression Among Community-Dwelling Older Women Living Alone in Korea [J]. Archives of Psychiatric Nursing, 2016, 30 (5): 513-520.

[22] LIN N, YE X, ENSEL W M. Social support and depressed mood: a structural analysis [J]. Journal of Health & Social Behavior, 1999, 40 (4): 344-359.

[23] LINDEMAN M A, PEDLER R P. Assessment of indigenous older peoples' needs for home and community care in remote Central Australia [J]. Journal of Cross-Cultural Gerontology, 2008, 23 (1): 85-95.

[24] LIU L J, FU Y F, QU L, et al. Home Health Care Needs and Willingness to Pay for Home Health Care Among the Empty-nest Elderly in Shanghai, China [J]. International Journal of Gerontology, 2014, 8 (1): 31-36.

[25] LIU J E, TIAN J Y, YUE P, et al. Living experience and care needs of Chinese empty-nest elderly people in urban communities in Beijing, China: A qualitative study [J]. International Journal of Nursing Sciences, 2015, 2 (1): 15-22.

[26] MAREK K D, POPEJOY L, PETROSKI G, et al. Clinical outcomes of aging in place [J]. Nursing Research, 2005, 54 (3): 202-211.

[27] MCCONAGHY R, CALTABIANO M L. Caring for a person with dementia: exploring relationships between perceived burden, depression, coping and well-being [J]. Nursing & Health Sciences, 2005, 7 (2): 81-91.

[28] MEINOW B, PARKER M G, Thorslund M. Complex health problems and mortality among the oldest old in Sweden: decreased risk for men between 1992 and 2002 [J]. European Journal of Ageing, 2010, 7 (2): 81-90.

[29] MMST S A C, KEATING N, EALES J. Client-centred, community

-based care for frail seniors [J]. Health & Social Care in the Community, 2003, 11 (3): 253-261.

[30] MOMTAZ Y A, HAMID T A, IBRAHIM R. Unmet needs among disabled elderly Malaysians [J]. Social Science & Medicine, 2012, 75 (5): 859-863.

[31] MORGAN C A. Demographic crisis in japan: why japan might open its doors to foreign home health-care aides [J]. Pac. rim L. & Poly J, 2001, 10 (3): 749-779.

[32] MURAMATSU N, YIN H, HEDEKER D. Functional declines, social support, and mental health in the elderly: does living in a state supportive of home and community-based services make a difference [J]. Social science & medicine, 2010, 70 (7): 1050-1058.

[33] NAGAYA Y, DAWSON A. Community-Based Care of the Elderly in Rural Japan: A Review of Nurse-Led Interventions and Experiences [J]. Journal of Community Health, 2014, 39 (5): 1020-1028.

[34] NAOMI A, SHIROIWA T, FUKUDA T, et al. Institutional care versus home care for the elderly in a rural area: cost comparison in rural Japan [J]. Rural & Remote Health, 2012, 12 (3): 1817.

[35] OTERO A, DE YéBENES M J, RODRíGUEZ-LASO A, et al. Unmet home care needs among community-dwelling elderly people in Spain [J]. Aging Clinical and Experimental Research, 2003, 15 (3): 234-242.

[36] PICKARD L, WITTENBERG R, et al. Relying on informal care in the new century? Informal care for elderly people in England to 2031 [J]. Ageing & Society, 2000, 20 (6): 745-772.

[37] PINQUART M, SöRENSEN S. Differences between caregivers and noncaregivers in psychological health and physical health: a meta-analysis [J]. Psychology & Aging, 2003, 18 (2): 250-267.

[38] ROBIN MEANS. Community care, housing and older people: Continuity or change [J]. Housing Studies, 1991, 6 (4): 273-284.

[39] SALTUS R, PITHARA C. "Care from the heart": older minoritised

women's perceptions of dignity in care [J]. International Journal of Migration, Health and Social Care, 2015, 11 (1): 57-70.

[40] SARMA S, SIMPSON W. A panel multinomial logit analysis of elderly living arrangements: evidence from Aging In Manitoba longitudinal data, Canada [J]. Social Science & Medicine, 2007, 65 (12): 2539-52.

[41] SINDHU S, PHOLPET C, PUTTAPITUKPOL S. Meeting the challenges of chronic illness: a nurse-led collaborative community care program in Thailand [J]. Collegian Journal of the Royal College of Nursing Australia, 2010, 17 (2): 93-99.

[42] STEIN J, PABST A, WEYERER S, et al. The assessment of met and unmet care needs in the oldest old with and without depression using the Camberwell Assessment of Need for the Elderly (CANE): Results of the AgeMooDe study [J]. Journal of Affective Disorders, 2016, 193: 309-317.

[43] STEIN J, PABST A, WEYERER S, et al. Unmet care needs of the oldest old with late-life depression: A comparison of patient, caring relative and general practitioner perceptions-Results of the AgeMooDe study [J]. Journal of Affective Disorders, 2016, 205: 182-189.

[44] VICTOR J. MALATESTA PHD. Introduction: The need to address older women's mental health issues [J]. Journal of Women & Aging, 2007, 19 (1-2): 1-12.

[45] VULLNETARI J, KING R. "Does your granny eat grass?" On mass migration, care drain and the fate of older people in rural Albania [J]. Global Networks, 2008, 8 (2): 139-171.

[46] WALSH K, O'SHEA E. Responding to rural social care needs: older people empowering themselves, others and their community [J]. Health & Place, 2008, 14 (4): 795-805.

[47] WANG H H, SHIEH C, WANG R H. Self-care and well-being model for elderly women: a comparison of rural and urban areas [J]. Kaohsiung Journal of Medical Sciences, 2004, 20 (2): 63-69.

[48] WARK S. Ageing, end-of-life care, and the National Disability In-

surance Scheme: What can we learn from overseas [J]. Journal of Intellectual & Developmental Disability, 2015, 40 (1): 92-98.

[49] WARSHAW. G. Chronic conditions in later life [J]. Generations, 2006, 30 (3), 1-96.

[50] WORRALL G, KNIGHT J. Short report: care for people aged 75 and older. Independence, community care, and institutional care [J]. Canadian Family Physician Médecin De Famille Canadien, 2003, 49 (5): 623-625.

[51] WU L C, CHOU M Y, LIANG C K, et al. Association of home care needs and functional recovery among community-dwelling elderly hip fracture patients [J]. Archives of Gerontology & Geriatrics, 2013, 57 (3): 383-388.

附　录

恩施市农村老年人社区居家养老服务需求调查问卷

调研地点：

A. 个人基本情况

A1 您的年龄：________岁

A2 您的性别：1. 男　　2. 女

A3 您的民族：1. 汉族　2. 土家族　3. 苗族　4. 侗族　5. 其他民族

A4 您的文化程度：1. 没上过学　2. 小学　3. 初中　4. 高中/中专　5. 大专及以上

A5 您的婚姻状况：1. 已婚且老伴健在　2. 没有结婚　3. 老伴去世了　4. 离婚

A6 您有几个孩子：________个，儿子：________个，女儿：________个。

A7 您和谁住在一起：

1. 一个人住　　2. 仅和老伴住　　3. 和儿子同住

4. 和女儿同住　　5. 仅和孙辈住　　6. 其他

A8 您一个人住或仅与老伴同住的最主要原因是（仅针对 A7 中回答 1 和 2 的老年人）：

1. 子女外出务工　　2. 子女外出求学

3. 子女在外地定居工作　　4. 不想和子女住在一起

5. 没有子女　　6. 其他

A9 您支持您的子女外出打工吗（针对 A8 中回答 1 的老人）？

1. 支持　　2. 不支持　　3. 不好说

A10 您现在每天的主要事情：

1. 安心养老　2. 干农活　3. 照顾子女

4. 照顾孙子女　5. 照顾老伴　6. 其他

B. 收入、社会保障以及医疗服务利用情况

B1 您的收入主要来源于：（可多选）

1. 自己劳动所得　2. 子女给予　3. 养老金

4. 最低生活保障金　5. 其他

B2 您的月收入总计：

1. 低于 200 元　2. 200~499 元

3. 500~999 元　4. 1000 元及以上

B3 您每月主要支出是（可多选）：

1. 衣服　2. 食品　3. 生活用品

4. 水电、交通、通信费　5. 医疗药物　6. 人情费

7. 其他

B4 您有养老方面的积蓄吗？________。您觉得靠这笔钱足够养老吗？________。

B5 您有什么养老保险？

1. 城乡居民基本养老保险　2. 其他养老保险　3. 没有

B6 您有什么医疗保险？

1. 城乡居民基本医疗保险　2. 其他医疗保险　3. 没有

B7 您生病了一般去哪里看？

1. 在药店买药　2. 村卫生室　3. 乡镇卫生院

4. 市区医院　5. 不看病

B8 最近的卫生室离您家的距离大概有多远？

1. 500 米以内　2. 500 米~2 千米

3. 2~5 千米　4. 5 千米及以上

B9 您觉得看病方便吗？

1. 很不方便　2. 不太方便　3. 一般

4. 比较方便　5. 非常方便

C. 身心健康状况

C1 您觉得您的健康状况怎么样？

1. 很差　　2. 比较差　　3. 一般
4. 比较好　　5. 很好

C2 您患有下列慢性病吗（可多选）？

1. 高血压　　2. 心脏病　　3. 脑血管病
4. 糖尿病　　5. 胆石症胆囊炎　　6. 风湿病关节炎
7. 白内障　　8. 肺部疾病　　9. 胃部疾病

C3 您和家庭成员之间的感情如何？

1. 很不好　　2. 不太好　　3. 一般
4. 比较好　　5. 很好

C4 您能自己吃饭、穿衣、上厕所、洗澡、上下床、在室内走动吗？

1. 完全不能　　2. 有的不能　　3. 完全能

C5 您能自己扫地、外出买东西、做饭、洗衣服吗？

1. 完全不能　　2. 有的不能　　3. 完全能

C6 您经常感到孤独吗？

1. 经常　　2. 偶尔　　3. 从不

C7 您经常感到焦虑吗？

1. 经常　　2. 偶尔　　3. 从不

C8 您有心事主要向谁诉说？

1. 老伴　　2. 子女　　3. 亲朋好友
4. 其他人　　5. 没有人可诉说

C9 您平时有哪些娱乐活动（可多选）？

1. 串门、和朋友交往　　2. 跳舞、健身　　3. 下棋、打牌
4. 旅游　　5. 看电视　　6. 看书、看报
7. 上网　　8. 其他活动　　9. 没有任何娱乐活动

C10 您对您的生活满意吗？

1. 很不满意　　2. 不太满意　　3. 一般
4. 比较满意　　5. 非常满意

D. 养老意愿及需求

D1 您的日常生活有谁照顾吗（可多选）？

1. 老伴　　2. 儿子　　3. 女儿

4. 孙子女　　5. 亲戚、朋友　　6. 其他人员

7. 无人照顾

D2 在您的养老生活中，您更愿意得到谁的照顾？

1. 女儿　　2. 儿子　　3. 配偶

4. 亲戚朋友　　5. 孙子女　　6. 社会

D3 您希望子女给您提供哪些方面的支持（此问题仅针对 A6 中回答有子女的老年人）？

1. 经济支持　　2. 生活照料

3. 精神关怀（如打电话、探访、陪伴等）

D4 困扰您老年生活的问题包括哪些？

1. 照料老伴生活　　2. 照料孙子女　　3. 婆媳矛盾

4. 没有钱养老　　5. 看病难、看病贵　　6. 无人照顾

7. 其他

D5 您愿意在哪里养老？

1. 在家养老　　2. 养老院、敬老院

3. 跟随子女去外地养老

4. 在哪里养老都无所谓

D6 您所在的地方有养老院、敬老院吗？________。距离您有多远？________。

D7 您听说过社区养老吗？________。了解社区养老吗？________。

D8 您所在的地方有社区养老服务中心吗？________。距离您有多远？________。

如果村里提供下面的养老服务，您需要吗？

项目	不需要	不太需要	一般	比较需要	很需要
村里建食堂或给您送饭					
村里帮您洗衣服、打扫卫生					
村里帮您购买日常用品					
您生病了或是行动不便，村里帮助照顾您					
村里能提供上门看病服务					
村里能提供陪同看病服务					
村里能提供定期体检服务					
村里能提供健康咨询服务					
村里能提供棋牌娱乐场所					
村里能提供跳舞、健身场所					
村里能提供陪同聊天服务					
村里能提供心理咨询服务					

D9 如果上述服务的提供需要收取少量的费用，您能接受吗？

1. 能接受　　1. 不能接受（续问 D10）

D10 您不接受的原因是：

1. 没有经济条件　　2. 担心钱花了服务质量不好

3. 其他原因

E. 其他问题

如果条件允许，您愿意为其他老人提供力所能及的帮助吗？如做饭、洗衣服等。

1. 非常不愿意　　2. 不太愿意　　3. 一般

4. 比较愿意　　5. 非常愿意

索　引